연금술

요시무라 마사카즈 지음 | 김진희 옮김

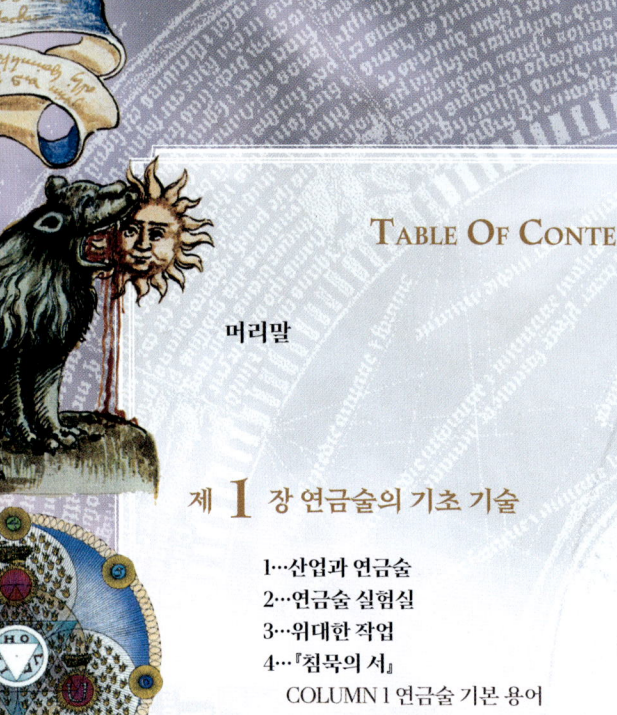

TABLE OF CONTENTS

머리말   4

제 1 장 연금술의 기초 기술   9

1···산업과 연금술   10
2···연금술 실험실   16
3···위대한 작업   22
4···『침묵의 서』   31
    COLUMN 1 연금술 기본 용어   35

제 2 장 연금술의 역사   39

1···아라비아 연금술의 등장   40
    COLUMN 2 유황＝수은 이론과 중국 연금술   47
2···중세 수도원의 실천   49
    COLUMN 3 전설의 연금술사   55
3···르네상스 마법과 파라셀수스   59
4···연금술의 도시, 프라하   64
    COLUMN 4 왕후 귀족을 섬기는 연금술사   73
5···장미십자 연금술   75
    COLUMN 5 신에게 기도하는 연금술사   87
6···화학파 연금술   90
    COLUMN 6 플랑드르의 연금술사   100

제 3 장 연금술의 이론과 실천 105

1⋯헤르메스 트리스메기스투스의 「에메랄드 서판」 106
2⋯연금술의 상징과 기호 114
3⋯조화를 이루는 우주 138
4⋯연금술 실험 158
5⋯안티몬과 초록 사자 171
6⋯붉은 왕과 현자의 돌 183

제 4 장 낭만주의에서 모더니즘 예술로 197

1⋯뵈메의 그리스도교 신지학 198
2⋯낭만주의와 연금술 213
    COLUMN 7 무기 연고와 음악 221
3⋯모더니즘 예술과 연금술 223
4⋯『로스트 심벌』의 「밀의의 손」 226

후기 234
연금술사 약연표(略年表) 237
문헌 해제—일본에 연금술이 소개된 흐름 240
참고 문헌 244

머리말

연금술이 전성기를 맞이할 수 있었던 역사적인 배경에는 유럽이 갈망했던 황금에 대한 열망이 있다. 15세기 유럽 세계는 스페인과 포르투갈이 선두에 서서 미국에서 아프리카로, 아시아로, 세계 끝까지 새로운 탐험의 길을 열어나갔다. 이 대항해 시대의 밑바닥에 흐르는 것은 미국 등지에서 유입된 황금의 마력이었다. 그런데 만일 비금속(공기 중에서 쉽게 산화하는 금속-역주)을 금으로 변성할 수 있다면 구태여 신대륙까지 진출할 필요가 없을 것이다. 바로 이러한 생각이 유럽 세계가 오랫동안 추구한 연금술을 향한 열망의 근저에 있었다.

벤 존슨(Ben Jonson)의 『연금술사』(1610년)에 등장하는 인물 마몬은 연금술사=사기꾼 서틀의 실험실에 들어갈 때 "드디어 동경하던 신세계에 상륙하는구나. 이곳은 풍요로운 페루다"라고 말한다. '실험실'을 황금이 생산되는 '신세계 페루'와 동일시한 것이다. 스페인의 프란시스코 피사로(Francisco Pizarro)는 1533년에 잉카제국을 멸망시키고 황금을 비롯한 온갖 보물을 가지고 돌아와 유럽 제국의 부러움을 한 몸에 받았다. 서틀(subtle, '정묘한'이라는 뜻)이라는 이름이 연금술의 '정기'를 암시하는 것처럼, 마몬이라는 인물의 이름은 '배금(拜金)'에서 유래한다. 16세기 말부터 17세기까지 연금술이 크게 유행한 배경에는 황금을 식민지에서 약탈하지 않고 저택 안에 있는 실험실에서 제조하려는 시대적인 열망이 있었던 것이다.

벤 존슨의 『연금술사』에 깔린 주제는 실제로 연금술을 써서 비금속을 금으로 변성하는 것이 아니라 사기꾼이 어리석은 사람을 속여 금을 갈취하는 과정이다. 연금술로 금을 변성해내는 것은 거의 불가능하다는 것을 알게 됨에 따라 '연금술=사기'라는 인식이 생겼다. 14세기 말에 완성된 제프리 초서(Geoffrey Chaucer)의 걸작 『캔터베리 이야기』에 나오는 「수사의 시종 이야기」에는 구멍 뚫린 목탄과 속이 텅 빈 교반봉에 은분을 담고 쏟아지지 않게 왁스로 막아 사용하는 사기꾼의 모습이 이미 소개되어 있다. 수은을 넣고 도가니를 가열하다가 교반봉을 넣으면 은이 녹아 나오는 단순한 트릭으로, 수은을 은으로 바꾸었다며 사람들을 속인 것이다. 제프리 초서는 또 아르노 드 빌뇌브(Arnaud de Villeneuve)의 『현자의 장미원』에서 인용하여 "수은은 그 형제인 유황에 관한 지식이 없으면 그 어떤 사람도 그것에 화학적인 변화를 줄 수 없다"라고 쓰고, '유황=수은' 이론을 연금술의 기본 이론으로 소개한다. 벤 존슨과 제프리 초서는 연금술에 관해 실제로는 조예가 깊었음에도 철저하게 연금술과 연금술사를 야유하고 비판하는 것을 보면 15세기에는 '연금술'을 사기로 보는 인식이 정착되어 있었음을 알 수 있다.

17세기가 되면 존 던(John Donne), 앤드루 마블(Andrew Marvell) 등의 형이상학 시인이라고 불린 일파가 연금술과 그 이미지를 시(詩)의 메타포로 즐겨 사용한다. 영국 최고의 종교 시인 존 밀턴(John Milton)도 장편 시 『실낙원』(1667년) 제3권에 악마(사탄)가 새로이 창조된 우주를 탐험하는 도중에 태양에 들러, 언어로 형용할 수 없는 광채를 지닌 금속과 보석 속에 현자의 돌이 섞여 있는 것을 발견하는 장면을 삽입해놓았다. 그 대목에 "현실의 어딘가에서 볼 수 있는 게 아닌 상상의 돌, 즉 지상에서 연금술사들이 오랫동안 허무하게 추구한 그 돌, 아니 그것과 비슷한 돌"(즉 현자의 돌)이 반짝이고 있었다는 묘사가 나온다.

또 이 돌은 지상에서는 "유동하는 수은(헤르메스)을 속박하려 하거나", "증류기에 넣어 본래의 모습으로 되돌리려고 해도" 손에 넣을 수 없는 것이었지만, 태양에서는 "순수한 연금약(엘릭서)이 분출하여 녹은 황금이 강을 이루어" 흐르고 있었다고도 쓰여 있다. 청교도였던 밀턴은 실제로는 그렇게 생각하지 않았을 수도 있지만, 이 문맥에서는 태양을 사용하는 연금술사는 신이라고도 해석할 수 있다.

본서에서는 자유자재로 변하는 유럽 연금술의 역사와 이론을 '변성', '추출', '완성', '생명 영기(靈氣)'라는 네 가지 키워드를 중심으로 검증하려고 한다. '변성(transmutation)'이란 물질이 화학적인 조작에 의해 외형과 내용이 변화되어 다른 물질로 바뀌는 것이다. '추출(extraction)'이란 물질 내부에 들어 있는 성분을 화학적으로 조작해 밖으로 끄집어내는 것이다. 참고로 추상(abstraction)은 '이탈'을 뜻하는 접두사 abs와 '밖으로'라는 뜻을 지닌 접두사 ex를 제외하고는 '추출'과 철자가 같고, 추상 회화와 연금술은 어원적으로도 공통되는 부분이 있다. '완성(perfection)'이란 물질이 화학적인 조작에 의해 완전한 상태가 되는 것, 금속의 경우에는 성숙하여 금이 되는 것을 말한다. 연금술의 대상이 물질뿐 아니라 인간도 포함될 경우에는 '완성'이란 상상력의 각성에 의해 인간이 신의 영역으로 인도되는 것을 말한다. '생명 영기(pneuma, spiritus vitae)'는 연금술사가 물질로부터 화학적인 조작을 통해 추출하려는 것이며, 연금술의 최종 목표인 '현자의 돌' 그 자체라고도 할 수 있다. 연금술에서 제5원소, 우주령, 정기, 에테르 등으로 불리는 것은 '생명 영기'라는 용어로 포괄적으로 표현할 수 있다. 또 이것은 표현상의 문제인데, 연금술이 목표로 삼는 최종 물질을 '철학자의 돌'이라고 표현하기도 하나, 본서에서는 '현자의 돌'로 통일하겠다. 마찬가지로『철학자의 장미원』과『철학자의 무리』같은 책 제목도『현자의 장미원』과『현자의 무리』등으로 통일했다. 천지창조에 나오는 '혼돈(混沌)'은 '혼돈(渾沌)'으로 표기했다.

본서의 구성을 소개하자면 먼저 제1장에서는 16세기부터 17세기까지 유럽에서 연금술이 어떤 산업과 기술과 발맞추어 등장하는가를 살펴본 후 연금술 실험실과 연금 작업의 다양한 공정 등 연금술의 기초 기술을 소개하겠다. 제2장에서는 아라비아 연금술에서 시작하여 파라셀수스(Paracelsus)를 거쳐 장미십자(헤르메스파) 연금술, 나아가 화학파 연금술로 나아가는 유럽 연금술의 역사를 살펴보겠다. 그리고 제3장에서는「에메랄드 서판」에 응축되어 있는 연금술 이론, 연금술의 상징적 표현, 천지창조와 음악의 관계에 대해 고찰한 후 로버트 플러드(Robert Fludd)와 아이작 뉴턴이 행한 연금술 실험, '현자의 돌'과 '붉은 왕' 등의 주제들을 검증하겠다. 제4장에서는 모더니즘 예술에까지 영향을 끼친 그리스도교적 신지학(神智學)에 대해 고찰하고, 마지막으로 댄 브라운(Dan Brown)의『로스트 심벌』에 등장하는 연금술의 상징,「밀의(密儀)의 손」을 소개하겠다.

제 1 장

연금술의 기초 기술

1···산업과 연금술

화폐 경제와 광업의 발달

연금술이 16세기부터 17세기까지 융성한 배경으로서 화폐 경제의 발전, 화포(화약)와 활판 인쇄 발명 등으로 유럽이 정치·군사·경제·문화적으로 세계의 중심이 되는 움직임이 가속화된 것을 들 수 있다. 연금술은 이미 중세부터 증류라는 기술로 증류주 생산에 크게 공헌했는데, 이 시대가 되면 광업, 양조업, 제약업, 요업 등의 다양한 분야에 산업화를 추진할 기초 기술을 제공한다.

정부가 상품과의 교환을 보장하는 화폐는, 오늘날에는 방대한 양의 지폐가 유통되고 있지만, 고대부터 화폐라고 하면 금속으로 만든 경화(硬貨)였다. 13세기에는 지중해 무역을 지배한 이탈리아를 중심으로 국제 경제가 발달하여, 1252년에 피렌체에서 그 유명한 플로린 금화가 주조된다. 금화는 국제적인 거래에서는 유용했지만, 유통량에 한계가 있어서 그 대신 은화가 널리 사용되었다. 그러나 은도 점차로 생산량이 줄어듦에 따라 동과 니켈 등이 사용되게 되었다. 15세기 이후 유럽 경제의 확대와 함께 금화와 은화의 수요는 점점 늘어 16세기에는 신대륙에서 특히 은을 대량으로 가져왔다. 이러한 경제적인 요청으로 연금술이 주목받게 된 것이다. 영국의 물리학자 아이작 뉴턴은 1696년에 조폐국 감사, 3년 후인 1699

년에 조폐국 장관이 되어 화폐를 개주(改鑄)하여 재정 위기를 타파하는 업적을 세운다. 뉴턴은 연금술을 실험하다 금속에 관한 충분한 지식과 경험을 가지고 있었던 것이다.

또 화약은 대포 등의 화기로 탄환을 발사하는 데 필요한 충격을 만들어내는 폭발성 물질로, 유럽이 세계를 제패하는 데 그야말로 비약(秘藥)이 되었다. 무기 이외에는 광물 채굴 등의 지하자원 개발에 이용되었다. 광물의 수요가 증가하여 지표면에 있는 광물을 채취하는 것만으로 부족해지자 당연한 수순으로서 갱도를 파 지하로 채굴 지역을 넓혀나갔다. 당초에는 곡괭이 등을 이용한 수작업에 의지했으나, 13세기가 되면 흑색화약으로 폭파하는 방법이 사용된다. 흑색화약은 초산칼륨, 유황, 목탄의 혼합물이었으며, 폭발 위력이 썩 좋지 않아 광산 채굴에 적합했다. 이리하여 초석과 초산 등의 물질은 연금술 이론에서 중요한 의미를 가지게 된다.

광업은 특히 작센이나 보헤미아 등의 중앙 유럽에서 발달했다. 보헤미아는 신성로마제국의 황제 루돌프 2세 재위 기간에 연금술 전성기를 맞이한 지역이다. 작센 출신 야금학자 게오르기우스 아그리콜라(=게오르크 바우어)는 이탈리아에

게오르기우스 아그리콜라(Georgius Agricola). 아그리콜라(=게오르크 바우어, Georg Bauer)는 1556년 유럽 최초의 광산 기술서 『금속에 관하여』를 간행한다.

서 의학을 공부한 후 유럽 최초의 지질학 책 『금속에 관하여(광산 기술지)』(1556년, 사망 후 출간)를 출간한다. 이 책에는 광맥, 광석, 제련과 정련, 기기, 시금, 금속 분리 등에 관한 많은 목판화가 게재되어 있어서 그 후 100년 넘게 야금학과 광산학의 교과서로 사용되었다.

활자와 자기

활판 인쇄 발명도 연금술과 깊은 관련이 있다. 1445년경에 구텐베르크(Johannes Gutenberg)가 활판 인쇄기를 발명하여 이윽고 『42행 성서』를 인쇄하는 등 인쇄술을 실용화하는 데 성공한다. 활판 인쇄가 발달함으로써 르네상스가 도래한 것은 잘 알려진 사실인데, 말할 것도 없이 16세기부터 17세기까지 연금술이 유행

인(燐)의 발견: 함부르크의 유리 직공 헤니히 브란트(Hennig Brand)는 1669년에 인뇨에서 인을 정제해내는 데 성공한다. 그는 생성물이 연금술사가 얻고자 하는 현자의 돌이라고 믿었다.

한 배경에도 아름다운 도판을 게재한 연금술서의 보급이 있다. 여기에서 주목하고 싶은 것은 안티몬이라는 금속이다. 안티몬은 수은과 마찬가지로 합금이 잘되는 성질이 있는데, 활판 인쇄 활자에 납과 안티몬의 합금(안티몬납)이 사용되었다. 안티몬 이외의 금속은 녹였다가 응고시키면 수축하기 때문에 활자로 사용하기에 적합하지 않은 반면, 안티몬은 반대로 팽창하기 때문에 활자가 아름답게 인쇄되었다. 구텐베르크는 금속세공사 경력이 있는 사람인데, 연금술에도 정통했을 가능성이 있다.

연금술이 전성기를 맞이한 때와 같은 시기에 일본과 중국에서 유입된 섬세한 백자에 매료된 왕후 귀족은 백자 제조법을 알아내고 싶어서 시행착오를 반복했다. 강왕(强王)이라고도 불린 작센 선제후 아우구스트(Friedrich August I)는 연금술사 요한 프리드

광산 노동자의 작업: 아그리콜라의 『금속에 관하여』는 광산에 관한 실천적인 정보를 수많은 목판화로 소개하여 그 후 100년 넘게 광산 기술의 교과서로 사용된다.

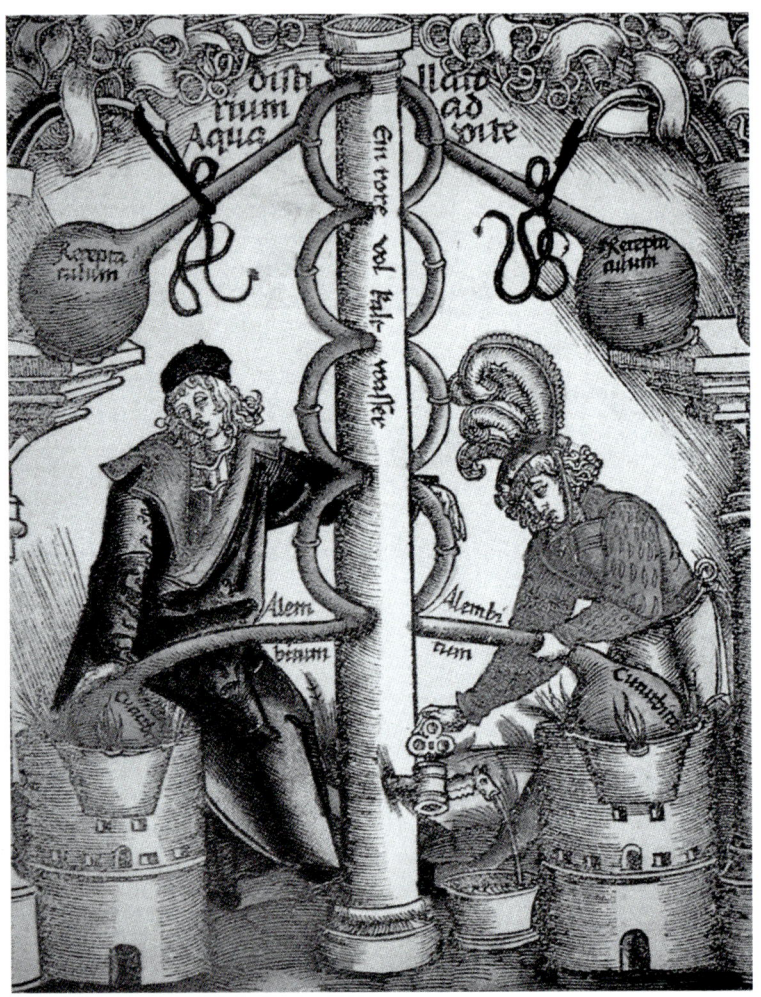

증류주 생산: 히에로니무스 브룬슈비히(Hieronymus Brunschwig)의 『증류 기술서』(1512년). 연금술사 두 명이 중앙의 증류기를 조작하며 증류 작업을 하고 있다. 아래쪽의 두 용기에 포도주가 들었고, 증기가 중앙의 탑을 따라 상승한 후 냉각되어 위쪽의 수용기에 모인다. 증류액은 '생명수(aqua vitae)', 즉 알코올 농도가 높은 증류주 브랜디이며, 당초에는 영약으로 음용되었다.

리히 뵈트거(Johann Friedrich Böttger)를 드레스덴으로 불러 비금속을 금으로 변성시키라고 명한다. 뵈트거는 현자의 돌을 만들어내지는 못했지만, 수학자 에렌프리트 폰 치른하우스(Ehrenfried Walther von Tschirnhaus) 백작과 함께 동양 백자에 필적하는 백자를 제조해내는 데 성공한다. 아우구스트는 1710년에 드레스덴에 왕립 작센 자기 공방을 설립하고, 이윽고 근처 마이센으로 공방을 옮김과 동시에 대량으로 백자를 생산·수출함으로써 현자의 돌 이상의 수익을 올려 국고를 윤택하게 만든다. 유럽 최초의 자기인 마이센 자기의 영향을 받아 프랑스에서는 세브르 자기, 영국에서는 첼시 자기가 왕성하게 제조되었다.

인 제조 공방 설립: 브란트가 인을 발견한 후 그 영향을 받아 로버트 보일(Robert Boyle, 92~96페이지 참조)이 조수 앰브로스 항크비츠(Ambrose Godfrey Hanckwitz)와 함께 런던 코번트가든에 인 제조 공방을 설립하고 인을 대규모로 생산하기 시작한다. 연금술은 사기로 치부되어 사라진 것이 아니라 17세기부터 18세기 초에 걸쳐 화학 공장으로 변화했다.

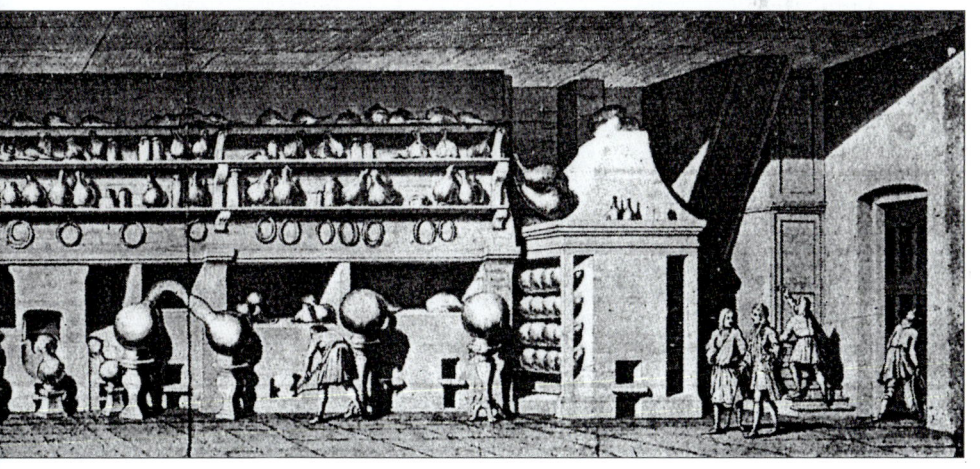

2···연금술 실험실

불의 조작

연금술 공방은 "용해하고 응고시켜라(solve et coagula)", 또는 "고정된 것은 휘발시키고 휘발성이 있는 것은 고정시켜라"라는 말로 요약할 수 있는 것처럼 물질을 변화시킴으로써 내부에 숨겨져 있는 정기(精氣)를 추출할 필요가 있다고 보았다. 물질을 용해시키거나 휘발시킬 때 빼놓을 수 없는 요소가 불이기 때문에 연금술은 불을 조작하는 기술이라고도 할 수 있다. 연금술 실험실의 중심에 있는 장치는 화로였다. 화로 없는 연금술 실험실은 없다고 할 수 있을 만큼 화로는 중요한 장치이고, 용도에 따라 다양한 화로가 개발되었다. 뉴턴은 풍로, 증류로, 반사로, 사로(砂爐), 탕욕(balneum mariae),

18세기 제약 공방: 18세기 제약 공방을 그린 것으로, 연금술이 산업화라는 새로운 방향으로 나아갔음을 알 수 있다.

습욕(balneum roris), 또는 증기욕(balneum vaporosum), 연금로(athanor) 등의 일곱 종류 화로를 본인의 「화학 용어집」에 게재했는데, 이 중에서 연금술을 대표하는 화로는 연금로, 아타노르(athanor)이다.

아타노르는 일정한 온도로 간접적으로 연금 용기를 가열할 수 있는 벽돌로 만들어진 화로이다. 아타노르는 아라비아어 알-타누르(al-tannur, 아궁이, 화로라는 뜻)에서 유래한 말이며, 탑과 같은 형태를 한 경우가 많다. 아래쪽에 연료를 태우는 부분이 있고 그 위에 재(불기가 남아 있는 재)가 잔뜩 깔려 있어서 열이 용기에 직접 닿지 않는다. 연금 작업을 할 때는 급격하게 가열하지 않고 천천히 일정한 온도로 재료를 데운다. 가열 기간은 몇 시간부터 며칠, 때에 따라서는 몇 주에 이르기도 해서 화로를 관리할 실험 조수를 고용할 필요가 있었다.

> **보일의 실험실:** 보일(92~96페이지 참조)은 스타워브리지의 저택과 런던 라넬라 자작부인 캐서린(Katherine Jones, Viscountess Ranelagh)의 저택에 연금술 실험실을 설치했다. '보일의 실험실'이 확대되어 코번트가든의 인 제조 공방이 된다.

실험실의 모습

초기 용기는 테라코타제가 많았지만, 이윽고 내부의 반응을 볼 수 있는 유리제로 대체된다. 연금술이 유행하기 시작할 즈음에 유리가 실험 기구로서 실험실에 등장한다. 오늘날에는 유리가 일상생활의 온갖 상황에서 실용품으로 손쉽게 사용되지만, 초기에는 오히려 보석이나 귀금속처럼 취급되었다. 유리 공예는 11세기 베네치아에서 왕성하게 이루어져 13세기가 되면 이미 베네치아 유리라는 이름으로 브랜드화된다. 연금술이 꽃피는 16세기 후반에는

연금술사의 실험실: 1574년에 제작된 도판을 바탕으로 1683년에 그려진 실험실 그림이다. 연금술사의 실험실에는 다양한 기구가 있다.
①아타노르, 즉 연금로 ②부젓가락 ③회취법용 가마 ④깊은 냄비 ⑤도가니 ⑥~⑨ 각종 화로 ⑩유발(乳鉢, 약을 갈아서 가루로 만드는 데 쓰는, 사기나 유리로 만든 도구-역주) ⑪올빼미의 머리 ⑫레토르트(주로 증류에 쓰는 화학용 실험기구-역주)

커트 글라스 기술이 이탈리아에서 보헤미아로 유입되어 루돌프 2세 시대에 보헤미아의 유리 공예가 발달한다. 하지만 유리제 기구는 열이나 충격으로 파손되는 일이 많았기 때문에 연금술사는 더욱 많은 자금이 필요했다.

유리제 연금 용기로서 대표적인 증류기는 증류병, 증류기 머리, 수용기로 이루어진다. 증류병(플라스크, Flask)은 서양배 모양이며, 그 속에 증류할 재료를 넣는다. 증류기 머리는 아라비아어로 알란빅(al-anbiq)이라고 하며, 그리스어 암빅스(ambix)에서 유래했다. 증류기 머리로 올라온 증기가 여기에서 냉각되어 액체로 바뀌어 수용기로 들어간다. 여기가 증류기에서 가장 중요한 부분이라 증류기 전체를 알란빅(영어로는 얼렘빅[alembic])이라고 부르게 되었다.

아타노르: 아타노르는 벽돌로 만들어진 화로이며, 종종 탑과 같은 형태로 그려진다. 연료는 아래의 문으로 공급되며, 상부에서는 열원에서 멀찍이 떨어져 있는 용기가 서서히 가열된다. 연금 작업에서는 직화로 급격하게 가열하지 않고 재나 모래를 이용하여 간접적으로 천천히 재료에 열을 가해야 한다.

증류기: 로버트 플러드(81페이지 참조)가 밀 실험에서 사용한 증류기이다. 증류병, 증류기 머리, 수용기의 세 부분으로 구성된다. 증류병과 수용기 중간에 있는 돔 형태의 증류기 머리를 알란빅이라고 하는데, 증류기 전체를 지칭하는 말이 된다. 『암빅스(Ambix)』(11:1, 1963년, 『암빅스』는 1937년에 간행된 연금술·초기화학사학회지이다).

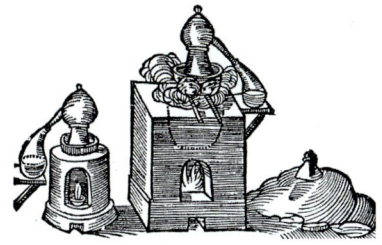

증류기를 가리키는 일본어 란비키(蘭引)는 에도시대에 유입된 포르투갈어가 변형된 것이다. 레토르트는 상부가 길고 새 부리처럼 생긴 수용기를 말한다.

증류를 반복하는 증류기는 펠리컨이라고 한다.

연금술 실험실에는 아라비아 연금술에서 계승한 다양한 종류의 기구, 장치와 약품이 있었다. 홈야드(E. J. Holmyard)는 『연금술의 역사』에서 알라지(Abū Bakr Muḥammad ibn Zakariyā al-Rāzī, 46페이지 참조)의 실험실에는 유화 광물, 공작석, 유리(청금석=라피스라줄리), 석고, 적설석, 터키석, 방연석, 휘안석, 명반, 녹반, 나트론(천연 탄산소다), 붕사, 일반 소금, 석회, 포타시(탄산칼륨), 주사, 연백, 광명단(사산화삼납), 산화철, 산화구리, 식초 등이 있었다고 한다. 존슨의 『연금술사』에는

연금술 실험 중에 폭발 발생: 연금 실험에서는 다양한 약품을 사용하다 보니 갑작스럽게 폭발이 발생하는 일도 드물지 않았다. 귀한 실험 기구가 파손될 뿐 아니라 때로는 연금술사가 다치기도 한다. 헨드릭 히어쇼프(Hendrik Heerschop) 작품, 1687년.

천칭으로 계량하는 연금술사: 토머스 노턴(Thomas Norton)(27페이지 참조)의 『연금술 규칙서』(1477년). 연금술사 앞의 작업대에는 천칭 외에 금(원형 태양), 은(초승달), 회취법(광석이나 합금을 고온에서 용해하여 금, 은 같은 귀금속을 분리해내는 정제 방법)용 접시가 놓여 있다. 연금술 실험에서 천칭은 물질의 무게를 정확하게 측정하는 중요한 역할을 했다. 바닥에서는 조수 두 명이 연금로 앞에서 증류 작업을 하고 있다.

산화비소, 황산, 탄산칼륨, 주석, 소다회, 주사, 부식제, 백철석, 불순 산화아연, 마그네시아, 왕수(aqua regia), 안티몬 등이 등장하여 17세기 초반 실험실이 어떤 재료들에 둘러싸여 있었는지를 보여준다.

환기용 팬도 없는 초기 연금술 실험실에서는 유독 배기가스 문제로 연금술사와 조수들이 늘 건강 문제에 시달렸다. 제프리 초서의 『캔터베리 이야기』에서는 온종일 연금로에 불을 피우는 실험 조수가 "너 낯빛이 무서울 정도로 나빠"라며 빈정거리는 소리를 듣는 장면이 나온다. 운이 나쁠 때는 도가니나 유리제 용기가 폭발하여 크게 다치기도 했다.

제1장 연금술의 기초 기술

3…위대한 작업

열두 조작

15세기 영국에서 활약한 연금술사 겸 수도사 조지 리플리(George Ripley)는 연금술에 관한 시(詩), 『연금술의 구성』을 썼다. 리플리는 이를 1471년에 집필하여 에드워드 4세에게 헌정했다(출판 연도는 1591년).

16세기 실험실: 증류를 기본으로 하는 연금술 실험실이며, 여러 기구가 놓여 있다. 오른쪽에 있는 안경 낀 인물이 연금술사로, 작업 지시를 하고 있다. 스트라다누스(Stradanus) 작품, 1570년.

이는 영국에서 출간된 가장 초기의 연금술 문헌이며, 현자의 돌을 만드는 과정이 '지혜의 성(城)'에 이르기 위한 열두 개의 문으로 표현되어 있다. 먼저 연금술의 원재료(두꺼비, 뱀, 드래곤)를 프리마 마테리아

(Prima Materia, 칼럼 1 참조)로 환원시키기, 다음으로 '하얀 돌'의 단계, '붉은 돌'에 의한 금 변성 단계 등 공정은 다음의 열두 단계 조작을 순서대로 진행한다.

하소(煆燒) : 금속을 불에 쬐어 금속회(calx)로 만드는 조작으로, 불순물을 제거한다.

용해 : 금속을 액체 상태로 만드는 조작으로, 농밀한 상태가 희석된다. 그때까지 금속 내부에 숨어 있던 것이 해방되어 액체 속으로 녹아 나온다. 원초적인 프리마 마테리아 상태와 동일시된다.

분리 : 4대 원소를 분리하는 단계로, 분해한 4대 원소에서 그 영혼인 정기(제5원소)가 유리된다. 이 과정을 진행하기 위해 필요한 것은 금속 내부에 있는 신비로운 불, 즉 드래곤의 불이다.

결합 : 분리된 대립 요소가 결합되는 단계로, '화

17세기 말 연금술 실험실: 연금술사의 행동에서는 비금속으로 금을 만들고 연금 영액(靈液)을 구하려는 연금술사의 모습뿐 아니라 새로 등장할 화학 공업을 짊어질 직공(또는 학자)의 분위기도 감돌았다. 크리스토프 바이겔(Christoph Weigel the Elder) 작품, 1698년.

연금술의 이론과 실천: 슈테판 미헬슈파허(Stephan Michelspacher)의 『카발라』(1616년). 위 그림의 왼쪽에는 '프리마 마테리아'라고 적힌 책과 용기, 오른쪽에는 '울티마 마테리아(Ultima Materia, 최종 물질)'라고 적힌 책과 용기를 가진 연금술사가 있다. 중앙에서는 연금술 문장을 독수리와 사자가 지킨다. 가운데 그림 좌우에는 광산의 채굴 장면이 그려져 있다. 왼쪽 원에는 두 마리의 뱀이 서로 뒤엉켜 있는 카두케우스(Caduceus)가 메르쿠리우스(Mercurius) 마크 모양으로 그려져 있다. 그 주위에 있는 네 개의 작은 원에는 건, 습, 냉, 열이라고 적혀 있다. 오른쪽 원에는 혹성 기호 등의 점성술 관련 그림이 그려져 있다. 바깥 원에는 4대 원소, 안쪽 원에는 철학·천문학·연금술·도덕, 그 안쪽 원에는 유황·안티몬·황산염·창연이라고 적혀 있다. 아래 그림에는 증류와 하소 작업을 하는 장면이 그려져 있다.

학의 결혼'이라고 불린다. 여성과 남성, 수은과 유황의 결합이고, 이 과정은 곧잘 양성구유(남자와 여자의 생식기를 둘 다 가지고 있는 사람-역주) 그림으로 표현된다.

부패 : 금속은 이 단계에서 완전한 죽음을 맞이하여 '까마귀의 주둥이처럼 새까만 분말'이 된다. 흑화 단계는 동시에 재생을 향한 출발점이다. 결합 단계에서 뿌려진 씨앗이 '잉태'된 상태이다.

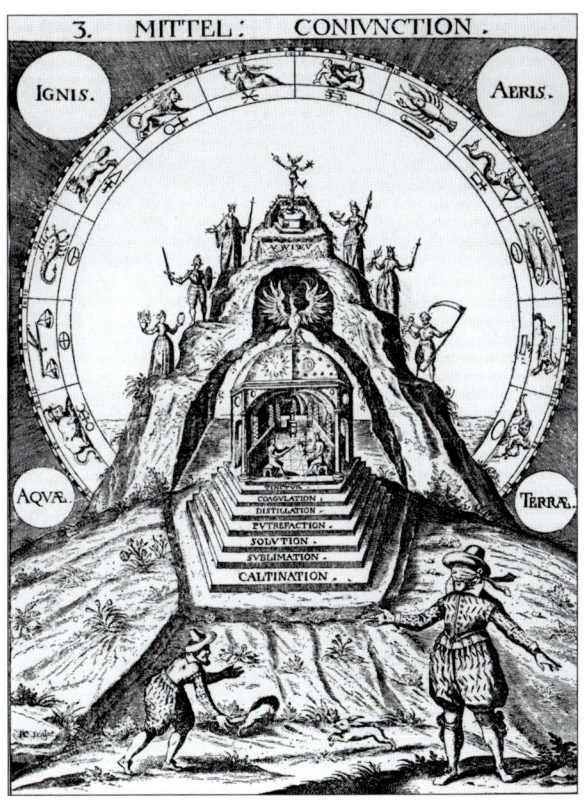

연금 작업의 여러 단계: 슈테판 미헬 슈파허의 『카발라』(1616년). 중앙의 계단 모양 좌대에는 하소, 승화, 용해, 부패, 증류, 응고, 연금염액(染液) 등의 연금 작업 단계가 표시되어 있다. 그 위에는 왕과 왕비가 앉는 신전이 있고, 안쪽으로는 연금로가 보인다. 신전 위에서는 태양과 달이 결혼하여 불사조(현자의 수은)가 탄생한다. 산 위에는 일곱 금속을 상징하는 조각상이 있고, 중앙에는 수성(메르쿠리우스)이 위치하고 있다.

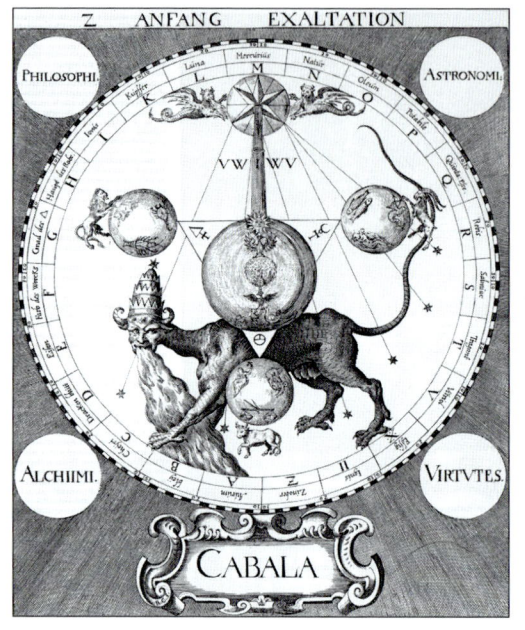

작업물질과 연금 작업 과정: 슈테판 미헬슈파허의 『카발라』(1616년). 바깥 원에는 다양한 작업물질과 공정의 머리글자가 적혀 있다. 예를 들어 A는 금, B는 납, D는 드래곤의 피, E는 철, H는 까마귀의 머리, K는 동, M은 수은, Q는 제5원소, R은 양성구유자, S는 염화암모늄, V는 황산염, Z는 주사를 뜻한다. 입으로 불을 뿜는 인면수는 소의 뿔, 사자의 몸통, 독수리의 갈고리 모양 발톱을 가졌다. 그 위에 연금 용기가 있고, 거기에 까마귀(흑화), 공작(무지개 색), 그리고 불사조로의 변화가 표현되어 있다. 공정은 태양을 거쳐 최종적으로 거대한 별, 즉 현자의 돌로 완성된다. 용기를 에워싼 삼각형에는 수은, 유황, 소금 기호가 있다. 네 귀퉁이에는 철학, 천문학, 연금술, 도덕이라고 적혀 있다.

응고: 정화된 금속이 하얗게 되어 '하얀 돌'을 얻게 된다. 백화 단계이며, 이후로는 '붉은 돌'을 생성하는 작업이 이어지는데, 상세한 내용은 알려져 있지 않다.

자양 강화: 자양(cibation)은 평소에 잘 들어볼 일이 없는 단어인데, 새로이 탄생한 것은 양분을 공급하며 소중히 길러야 하는 것처럼, 자양분이 많이 든 물질을 공급하여 금속을 강화하는 과정이다.

승화: 고체를 액체 상태를 거치지 않고 바로 기화시킨다.

발효: 효모균에 의해 빵이 발효되는 것처럼 금속이 시간이 지나면서 발효된다.

고양 : 금속의 성질이 좋아진다.

증식 : 질이 좋아진 금속이 늘어난다. 금 변성이 일어나지 않더라도 양을 늘릴 수 있으면 마찬가지로 경제적인 효과를 얻을 수 있으므로 중요한 조작 단계로 여겨졌다.

투입 : '붉은 돌'을 투입하여 재빨리 금을 변성시킨다.

리플리의 제자, 토머스 노턴은 『연금술 규칙서』(1477년)에서 연금 작업을 장시(長詩)의 형태로 표현했다. 연금 작업은 준비 과정('저열한 작업')과 본 작업('정묘한 작업')으로 분류된다. 준비 작업이란 마그네시아 등의 재료가 되는 물질을 세척하고 가열하고 용해하여 물질에 포함된 에센스를 추출하기까지의 과정을 말한다. 본 작업에서는 준비 작업에서 추출한 물질을 조합하여 현자의 돌을 생성하는데, 이 과정에서는 색채 변화가 중요한 의미를 지닌다. 이때 마그네시아는 특정 물질이 아니라 '원초적인 혼돈' 상태에 있는 물질을 말한다.

흑화·백화·적화

연금 작업을 단순화하면 흑화, 백화, 적화와 같은 색깔 변화로 설명할 수 있다. 흑화(니그레도, nigredo)는 연금 작업의 제1단계로, 불순한 상태에 있는 물질을 해체하여 질척질척하고 악취 나는 액체 상태로 만드는 것을 말한다. 통상적으로 제1단계 작업을 하면 물질이

실험과 기도: 테오필루스 슈바이크하르트 콘스탄티엔스(Teophilus Schweighardt Constantiens)의 『장미십자단의 지혜의 거울』(1618년). 연금술사 세 명이 각각의 장소에서 연금 작업(일)을 하고 있다. 위에서는 연금술사가 무릎을 꿇고 신에게 기도하고, 그 밑에는 '신과 함께'라고 적혀 있다. 선반에는 『성서』가 펼쳐져 있다. 왼쪽 아래에서는 연못에 들어간 사람이 자연 속에서 '노동'에 힘쓰고 있다. 오른쪽 아래에서는 실험실에서 연금술사가 플라스크를 가슴에 안고 있다. 그 옆에는 연금로와 천칭이 있다. 가운데에 있는 '지혜의 처녀'는 태양과 달로부터 영향력을 받아 현자 아기를 잉태했다.

[오른쪽] 검은 태양: 살로몬 트리스모신(Salomon Trismosin)의 『태양의 광채』는 태양이 상징하는 영묘한 생명 기운을 추출하는 연금술의 비전을 표현한다. 황폐한 대지에 모습을 드러낸 검은 태양은 연금 작업의 흑화를 상징한다.
[가운데] 빛나는 태양: 출처는 『태양의 광채』. 빛나는 태양은 자연을 죽음으로부터 재생시킨다.
[왼쪽] 왕의 재생: 출처는 『태양의 광채』. 뒤쪽에서는 늙은 왕이 물에 빠지고 있고, 앞쪽에서는 그의 아들인 젊은 왕이 양손에 각각 왕홀(王笏, 왕의 권위를 상징하는 지휘봉-역주)과 금 사과를 들고 있다. 젊은 왕은 늙은 왕이 재생한 모습이다.

검은 액체가 되기 때문에 '흑화'라고 한다. 이 상태는 물질의 죽음 상태여서 관 또는 묘지 이미지가 생겨났다. 연금 작업 중에서는 용해와 부패 작업이 이에 해당한다. 검은 새(까마귀) 혹은 검은 사람(에티오피아인)으로 상징되며, 새나 사람의 목을 자르는 행위로 표현하기도 한다.

백화(알베도, albedo)는 연금 작업의 제2단계이며, 검은 액체가 가열 또는 세척에 의해 하얗게 되는 것을 말한다. 백화 단계에서 물질은 순수한 상태가 되고 좋은 향기가 난다. 하얀 새(백조 또는 비둘기) 혹은

하얀 꽃(흰 장미)으로 상징된다. 백화 전후에 무지개 색 단계(공작)가 추가되기도 한다.

적화(루베도, rubedo)는 연금 작업의 제3단계이며, 이 단계에서 물질은 최종적으로 완전한 상태가 된다. 불사조와 붉은 꽃(붉은 장미), 루비, 태양(Sol), 붉은 장미 등으로 상징된다.

[위쪽] **에티오피아인**: 출처는 『태양의 광채』. 검은 몸(흑화)에 하얀 손(백화)을 하고 붉은 헬멧(적화)을 쓴 에티오피아인은 연금 작업의 세 단계를 상징한다. 그가 늪에서 위로 올라오는 모습은 물질성이 정화되어 차츰 순수해지는 과정을 나타낸다. 날개 달린 여성이 붉은 망토를 들고 그를 기다리고 있다.

[아래쪽] **양성구유자**: 출처는 『태양의 광채』. 양성구유자에게 흰색과 붉은색의 두 가지 색깔 날개가 나 있고, 검은 옷을 입고 있다. 이는 흑화, 백화, 적화의 세 단계를 상징한다. 왼손에는 알, 오른손에는 방패 같은 것을 들고 있다.

4…『침묵의 서』

> 신적 요소의 증류

연금 작업은 작업물질이 무엇이든 그 물질을 순수화하는 것이 기본이다. 물질이 화학 조작을 통해 순수해지면 그제야 정묘한 원리를 추출하는 과정이 필요해진다. 이는 일상적으로 흔히 보는 모습에서 변화하여 물질이 본래 모습이 되는 과정이라고도 할 수 있다. 연금술 실험은 '물질은 완성되게 되어 있다', '적어도 좀 더 정묘한 상태가 될 것이다'라는 신념과 기대가 관련되어 있다.

연금술 이론이 「에메랄드 서판」(106페이지 참조)에 짧게 요약되어 있는 것처럼, 연금술의 실천적인 측면은 『침묵의 서』에 응축되어 있다. 1677년 프랑스에서 출간된 『침묵의 서』에는 저자의 필명이 '알투스(Altus)'라고 표기되어 있었지만, 실제로 저자가 누구인지에 대해서는 알려진 바가 없다. 말 그대로 텍스트 없는 연금술서이며, 물질을 순수화하는 연금술 공정이 열다섯 장의 도판으로 표현되어 있다.

특히 중요한 도판은 제4, 제8, 제14도판이다. 연금 작업의 원 물질은 하늘에서 내리는 이슬이며, 태양과 달의 정기를 추출하는 것을 목표로 한다(제4도판). 제8도판에서는 알 모양의 플라스크 속에 메르쿠리우스, 즉 현자의 수은이 생긴다. 제14도판에서는 네 번째 그림의 중앙 플라스크 속에 수은 기호('현자의 수은')가 새겨져 있다. 이 공정을 통해 연금술사가 손에 넣는 현자의 수은은 물질의 순수한 모습을 상징적으로 표현한 것이다. 지상의 모든 물질은 다양한 불순물이 뒤섞여 있어 분간할 수 없지만, 신에 의해 만들어진 창조물인 이상, 그 내부에는 신적인 요소가 숨겨져 있기 마련이다. 연금 작업이란 물질 속에 신적인 요소가 존재하는 것을 전제로, 증류 혹은 그 외의 화학적인 조작을 통해 그것을 추출하려는 시도이다.

『침묵의 서』

[왼쪽] 제1도판: 『침묵의 서』(1677년)는 말 그대로 텍스트 없는 연금술서이며, 현자의 돌을 만드는 과정을 열다섯 장의 도판으로 표현해놓았다. 제1판에서는 야곱이 돌을 베고 누워 잠들었고, 사다리를 오르는 천사가 그를 향해 나팔을 분다. 『성서』의 「창세기」와 「신명기」에서 인용한 문구에 '하늘의 이슬'에 관한 언급이 있어, 이슬이 현자의 돌을 만드는 데 반드시 필요한 것임을 나타낸다.

[오른쪽] 제2도판: 위에서는 천사가 태양 곁에서 알 모양의 플라스크를 들고 있다. 그 속에서는 바다의 신 넵투누스가 태양의 신 아폴론과 달의 신 디아나를 양쪽에 거느리고 있다. 아래에서는 연금술사와 그의 아내가 연금로 아타노르를 바라보며 작업이 잘 되길 빌고 있다.

[위 왼쪽] 제4도판: 연금술사가 땅에 펼쳐놓은 천이 흡수한 '이슬'을 짜내고 있다. 위쪽에 삼각형으로 표현된 것은 하늘에서 쏟아져 내리는 태양과 달의 정기이다. **[위 오른쪽] 제5도판:** 달의 정기의 분리. 맨 위 그림에서는 모은 이슬을 연금로에 넣고 증류한다. 가운데 그림에서는 연금술사의 아내가 아이를 안고 있는 크로노스에게 잔류 물질(달의 정기 포함)을 건넨다.

[아래 왼쪽] 제6도판: 태양 정기의 분리. 증류 작업을 하고, 잔류 물질(태양의 정기 포함)을 태양신에게 건넨다. 아래 그림의 오른쪽에서는 정제된 달의 정기(납의 요소 포함)를 도가니에 넣고 재차 가열한다. **[아래 오른쪽] 제7도판:** 달의 정기에서 납이 제거되었다. 연금술사의 아내가 순화된 달의 정기를 떠서 별 표시가 네 개 있는 용기에 담는다..

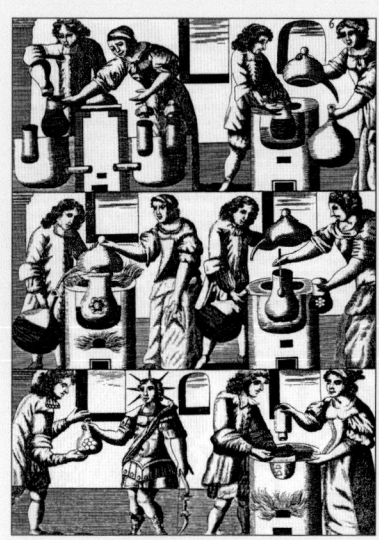 

[위 왼쪽] **제8도판**: 플라스크 속에 메르쿠리우스가 등장하여 이 단계에서부터 작업이 새로운 단계로 돌입함을 나타낸다. 메르쿠리우스의 양발은 태양과 달 위에 있다. [위 오른쪽] **제10도판**: 달의 정기와 태양의 정기가 든 물질을 계량하여 동일한 양을 용기 하나에 옮겨 담는다. 용기를 밀봉한 후 연금로에서 천천히 가열한다. 아래 그림에서는 태양과 달의 정기 결합 과정이 손을 잡은 태양의 신과 달의 신으로 표현되어 있다.

[아래 왼쪽] **제14도판**: 네 구획으로 구분되어 있다. 제일 위 그림에는 세 개의 연금로, 두 번째 그림에는 램프 심지를 손질하는 세 사람, 세 번째 그림에는 달의 정기와 태양의 정기를 도가니에 각각 동일한 양만큼 넣고 가열하는 장면, 네 번째 그림에는 손가락을 입에 대고 있는 연금술사와 그의 아내가 그려져 있다. 중앙의 플라스크에는 수은의 연금술 기호(현자의 수은)가 새겨져 있다. [아래 오른쪽] **제15도판**: 야곱이 연금 작업 달성을 축하하는 의미로 천사에게 월계수를 받는다. 그의 육체는 지상에 누워 있고, 영혼은 하늘에 있다.

Column 1

연금술 기본 용어

현자의 돌
비금속을 금이나 은 등의 귀금속으로 변성하는 능력을 지녔다는 물질이다. 형태는 돌 또는 분말 등으로 상정되며, '하얀 돌'은 은으로 변성시킬 때, '붉은 돌'은 금으로 변성시킬 때 사용된다. 연금술사가 금속 변성에 성공했다는 전설은 수없이 많이 전해져 내려오지만, 의도적인 사기를 제외하면 합금이나 도금 등에 의한 표면상의 변화에 지나지 않으며, 실제로 금속 변성 사실이 증명된 사례는 없다. 또한 현자의 돌에는 의약적인 효능이 있어서 복용하면 모든 병이 낫는 만병통치약일 뿐 아니라 노인을 청년의 모습으로 바꾸어놓는 회춘 효과도 있다고 전해진다. 현자의 돌과 같은 물질이 실제로 존재한다는 신념이 연금술을 생겨나게 한 것이다.

연금 영액(엘릭서, elixir)
현자의 돌과 마찬가지로 금속을 변성시키고 병을 치료하는 영약으로, 붉은 연금 영액과 흰 연금 영액이 있다. 붉은 연금 영액은 비금속을 순수한 금으로 바꾸고 병을 치유하는 능력이 있다. 하얀 연금 영액은 비금속을 은으로 바꾼다.

연금 염액(팅투라, tinctura)
금속의 색을 바꾸는 능력을 가진 영약이다. 표면적인 색깔뿐 아니라 내부 조직까지 바꾸어놓기 때문에 현자의 돌이나 연금 영액과 마찬가지로 금속을 변성시킨다고 여겨진다.

유황=수은 이론
유황=수은 이론이란 모든 금속은 유황과 수은으로 이루어졌다는 이론이다. 여기서 말하는 유황과 수은은 현재 우리가 생각하는 원소로서의 유황과 수은이 아니라 금속을 구성하는 원리 요소로서의 '유황'과 '수은'이다. 수은과 유황의 성질과 역할은, 수은이 수동적인 원리로서 여성성(모태)을 상징하는 것에 반해, 유황은 능동적인 원리로서 남성성(씨앗)의 역할을 한다고 일반적으로 여겨졌다. 금속 생성을 남녀 양성의 결합에 빗대어 설명하려고 한 것이다. 이윽고 수은 가운데서 유황과 수은 두 가지를 모두 지닌 특수한 수은 개념이 생겨나는데, 이 수은은 양성구유적인 존재로서 현자의 수은이라고 불렸다. 나아가 유황과 수은에 '소금'이라는 원리 요소가 추가되어 이 세 원리(원질)로 금속 생성을 설명하려는 연금술도 등장한다.

프리마 마테리아(제1질료)

아리스토텔레스가 만들어낸 용어로, 형상도 성질도 지니지 않는 순수한 질료이다. 모든 물질에 내재하는 근원적인 원재료이며, 물질이 외면적으로 어떻게 변화하더라도 늘 그 내부에 있으면서 그 존재를 지탱한다. 마테리아(물질, 질료)는 어원적으로 마테르, 즉 '어머니'에서 유래했기 때문에 모태의 이미지가 있다. 연금 작업에서는 물질을 이 근원적인 미분화 상태로 되돌린 다음, 이를 활성화하기 위해 생명 원리를 불어넣어야 한다. 이 생명 원리는 수동적인 질료와 대조되는 능동적인 형상에 해당하는 것으로, 연금술에서는 형상 대신에 '씨앗'의 개념을 사용한다.

4대 원소

고대 그리스 철학자 엠페도클레스(Empedocles) 이후로 오랫동안 만물의 기본 원소는 땅, 물, 공기, 불의 네 가지로 여겨졌으며 이를 4대 원소라고 부른다. 아리스토텔레스는 열, 냉, 습, 건이라는 네 성질과 4대 원소를 관련지어 땅은 차갑고 건조하며, 물은 차갑고 습하며, 공기는 뜨겁고 습하며, 불은 뜨겁고 건조하다는 식으로 네 가지가 어떻게 조합되는가에 따라서 형태가 결정된다고 보았다. 이 조합을 변화시킴으로써 어떤 원소는 다른 원소로 변화시킬 수 있다고 보았다.

제5원소

아리스토텔레스가 도입한 개념으로, 땅, 물, 공기, 불의 4대 원소가 주로 월

Column 1

하계(지상)의 물질을 구성하는 것에 반해, 천상계(항성과 혹성의 세계)를 구성하는 물질은 제5원소라고 보았다. 4대 원소로 이루어진 지상의 존재들은 시간이 흐름에 따라 부패하고 변화하지만, 제5원소로 이루어진 천상계는 불변한다고 생각했다. 연금술의 목적은 물질에서 제5원소를 추출하는 것으로 여겨지며, 제5원소는 현자의 돌과 동일시되기도 한다.

생명 영기(靈氣)

우주에 두루 퍼져 있는 생명 원리이며 신의 숨결(프네우마, pneuma)로서 인간뿐 아니라 금속을 활성화하는 원동력이다. 연금술은 화학적인 조작을 가해 물질에서 생명 영기를 추출하는 기술이라고 할 수 있다. 그러한 의미에서 생명 영기는 제5원소, 현자의 수은, 현자의 돌, 에테르라고 불리는 것들과 대단히 흡사하다.

흑화·백화·적화

연금 작업은 늘 불을 사용하여 진행되며 그 과정은 세 단계로 나뉜다. 흑화는 재료 물질을 가열하여 용해시킴으로써 완전히 분해하는 과정, 백화는 물질 변용이 더욱 진행되어 순수해지는 과정이다. 마지막으로 적화는 연금 작업의 최종 단계로, 현자의 돌이 생성된다.

붉은 왕

아라비아 연금술이 유럽으로 전파되어 그리스도교화되는데, 이 과정에서 현자의 돌은 인간의 영혼을 구제하고 영원한 생명을 주는 그리스도와 동일시된다. 그리스도는 연금술 상징으로서는 적화 최종 단계에서 '붉은 왕(붉은 옷을 입은 왕)'이 출현하는 것으로 표현된다.

제 2 장

연금술의 역사

1···아라비아 연금술의 등장

연금술의 기원

연금술의 기원을 금속 가공 기술까지 포함하여 생각하면 이집트, 메소포타미아, 그리스 등의 야금술에까지 연결된다. 따라서 문화인류학적인 조사가 필요하나, 그러한 검증을 하더라도 연금술의 정확한 기원을 특정하는 것은 거의 불가능하다. 1828년에 이집트에서 발견된 유명한 자료, '라이덴 파피루스(Leiden Papyrus)'와 '스톡홀름 파피루

연금술사 모습을 한 아리스토텔레스: 알렉산드로 대왕을 가르친 교사였던 것으로도 유명한 대표적인 그리스 철학자. 그의 4대 원소, 프리마 마테리아(제1질료), 제5원소 등의 개념을 아라비아에서 연금술 이론으로 계승한다. 15세기 제작.

스(Stockholm Papyrus)' 등의 파피루스 문서조차 거기에 담긴 내용은 연금술이라기보다 금과 은에 다른 금속을 넣어 양을 늘리는 방법과 염색법 등에 관한 기술이다.

대표적인 초기 유럽 연금술사로 헬레니즘 시대의 유대인 여성 마리아(Maria the Jewess)와 4세기에 이집트 파노폴리스에서 활동한 조시모스(Zōsimos)라는 인물을 들 수 있다. 마리아는 중탕용 요리 냄비를 뜻하는 단어인 '뱅머리(bain-marie)'에 그녀의 이름이 남아 있을 뿐 아니라 트리비코스(Tribikos)라는 팔이 세 개 달린 증류기를 발명하기도 했다.

조시모스는 총 28권짜리 연금술 『백과사전』을 편집했으며, 비밀

자비르 이븐 하이얀
(아랍의 게베르): 라제스(Rhazes), 이븐 시나(Ibn Sina)와 함께 아라비아 연금술을 대표하는 연금술사이다. 연금 영약 엘릭서와 유황=수은 이론 등 나중에 유럽 연금술의 기초가 되는 개념들을 만들어냈다. 15세기 제작.

토론하는 연금술사들: 900년경에 그리스어 원본을 바탕으로 제작된 아라비아어 판 『현자의 무리』는 12세기에 라틴어로 번역되어 유럽에 유포되었다. 17세기 제작.

스러운 종교의 입문 의례를 연상케 하는 '환시'에 관한 글로도 유명하다. 하지만 헬레니즘 연금술은 현자의 돌이나 연금 영액 엘릭서 등에 관심을 기울인 흔적이 거의 없다.

아라비아에서의 발전

헬레니즘 연금술은 그 후 거의 발전하지 않았고, 연금술은 8세기 아라비아에서 다시금 역사에 모습을 드러낸다. 알라의 계시를 받은 예언자 무함마드(마호메트)가 622년에 메디나로 이주하여 이해가 이슬람력 원년이 된다. 630년에는 메카를, 계속해서 아라비아반도 전체를 지배하에 두고, 나아가 전성기 때는 시리아, 페르시아, 중앙아시아, 이집트, 북아프리카, 스페인까지 지배권을 넓혀나갔다. 이슬람교 경전 『코란』 앞에 집결한 사람들은 문화적인 측면에서도 동서의 온갖 문화와 기술을 모아 당시의 최첨단 문화를 만들어냈다. 그중에서 제일 처음으로 연금술에 관심을 보인 인물은 다마스쿠스의 칼리드 이븐 야지드(Khalid ibn Yazid)이고 알렉산드리아의 모리에누스(Morienus)한테 비전을 전수받았다고 한다.

786년에 아바스왕조의 칼리프(caliph, 이슬람 제국의 주권자 칭호-역주) 자리에 하룬 알 라시드(Harun al-Rashid)가 오르고, 바그다드를 중심으로 이슬람 문화는 절정기를 맞이한다. 이 시대에 아라비아 연금술의 최고봉으로 평가받는 사람이 자비르 이븐 하이얀(Abu Musa

Jabir ibn Hayyan, 아랍의 게베르[Geber])이다. 자비르는 3,000편에 달하는 논문을 썼다고 하며, 그 가운데 215편이 현존한다. 이 방대한 저작 (『자비르 문서』)은 실제로는 자비르의 이름으로 제자들이 썼을 것으로 추정된다. 자비르 문서에는 연금 영액에 대해 언급한 『112의 책』, 모든 금속은 유황과 수은으로 이루어진다는 유황=수은 이론을 주장한 『70의 책』과 『정류의 책』, 연금술뿐 아니라 의학·점성술·물리학에서도 균형이 중요하다고 본 『균형의 책』 등이 있다. 그리스 철학자 아리스토텔레스가 『기상론』 제3권에서 주장한 금속 생성 이론, 즉 축축한 습기가 금속을 낳고, 건조한 습기가 광물을 낳는다는 이론을 자비르가 유황=수은 이론으로 발전시킨다. 유황과 수은은 '평형' 상태일 때 완전한 조화를 이루고, 금속의 경우에는 완전한 금이 된다는 설이다. 인간으로 바꾸어 말하면 정신뿐 아니라 육체의 원초적인 상태를 회복하는 것을 말한다. 이러한 조화를 가져오는 역할을

세 명의 연금술사: 미하엘 마이어(Michael Maier)의 『황금 삼각대』(1618년)의 타이틀 페이지. 왼쪽에서 담론 중인 연금술사 세 사람은 바실리우스 발렌티누스(Basilius Valentinus, 베네딕도회 수도사, 『안티몬 개선 전차』의 저자), 존 크레머(John Cremer, 웨스트민스터 수도원장), 토머스 노턴이다. 오른쪽에는 실제로 연금로 작업을 하는 직공의 모습이 그려져 있다.

네 명의 저명한 연금술사: 토머스 노턴은 『연금술 규칙서』(1477년)에서는 역사상 가장 유명한 연금술사로 게베르, 아르노 드 빌뇌브, 라제스, 헤르메스 트리스메기스투스(Hermes Trismegistus)의 네 사람을 꼽았다. 15세기 제작.

하는 것이 연금 영액=알익시르(al-iksir)인데, 연금술이 유럽으로 전파된 후 라틴어로 바뀌어 엘릭서(Elixir)가 된다. 13세기 유럽에서 게베르라는 이름으로 간행된 연금술 문서가 있으나, 이 사람은 '라틴의 게베르'라고 하여 '아랍의 게베르'와 구별한다.

9세기부터 10세기에 활약한 알라지(Muhammad ibn Zakariyā Rāzī, 라틴명 라제스)는 의학, 철학, 수학, 논리학, 문법, 음악, 연금술 등의 모든 영역에 정통한 과학자이자 아라비아 과학의 전성기를 대표하는 인물이다. 연금술 분야에서는 자비르의 유황=수은 이론을 계승하고, 제3의 원질로 소금을 추가했다. 대표적인 저서 『비밀의 책』에는 연금술에 관한 실천적인 내용이 담겨 있으며, 많은 실험 도구를 고안함과 동시에 증류, 하소, 용해, 증발, 결정화, 승화, 아말감화, 미라화 등의 공정을 명확하게 밝혔다. 그러한 의미에서 아라비아 연금술은 이론적인 측면은 자비르가, 실천적인 측면은 알라지가 완성했다고 할 수 있다.

이븐 시나(라틴명은 아비센나[Avicenna])는 의학, 수학, 신학, 철학, 연금술에 정통한 대학자이며, 하마단에서는 재상의 위치까지 올랐다. 유럽에는 아비센나라는 이름으로 소개되었으며, 『의학전범』은 오랫동안 가장 권위 있는 의학서로 사용되었다. 『치유의 책』(라틴어 역은 『광물에 관하여』)에는 연금술에 관한 내용도 담겨 있는데, 자비르를 계승한 유황=수은 이론과 아리스토텔레스 이론의 융합을 지향했다. 다만, 금속의 변성 가능성에 대해서는 최종적으로 부정했으며, 연금 염액 팅투라에 의한 표면적인 변화 이상은 기대할 수 없다고 했다.

유황=수은 이론과 중국 연금술

헬레니즘 연금술에서는 거의 등장하지 않는 '유황'과 '수은'이 왜 아라비아 연금술에서 생겨났는가에 관한 설명이 유럽 연금술서에는 없거나 있더라도 적다. 유황과 수은이 연금술의 근본 물질로 자리매김하게 된 것은 진사(辰砂)라는 물질을 사용하는 중국 연금술(연단술)의 영향일 것이다. 예로부터 중국에서 사용된 진사는 구성 성분부터가 황화수은으로, 말 그대로 유황과 수은으로 이루어져 있다. 붉은 분말 상태의 진사를 가열하여 유황을 분리하면 은색(백색) 수은이 남는다. 수은을 더 가열하면 산화하여 산화수은(붉은색)이 되고, 더 가열하면 원래의 수은으로 돌아온다. 유황과 수은으로 황화수은을 만들고, 이를 가열함으로써 '주(朱)'라는 붉은색 안료를 만들어낼 수도 있다. '백화'와 '적화', 혹은 '하얀 돌(분말)'과 '붉은 돌(분말)'이라고 불리는 현자의 돌은 진사가 붉은색에서 흰색으로, 흰색에서 붉은색으로 바뀌는 색채 변화에서 유래했을 것이다.

연단술에서는 단약(丹藥)을 먹으면 불로장생할 수 있는데, 이는 연금 영액 엘릭서의 효과 중 하나인 장수와도 연결되는 면이 있다. 또 단약은 선단, 즉 신선(선인, 仙人)의 단약이라고도 하는데, 이러한 명칭이 아라비아 연금술을 거치면서 신선은 '현자'로, 단(丹)은 '돌'로, 선약(仙藥)은 '현자의 돌'로 바뀐 것이다. 앙리 마스페로(Henri Maspero)는 4세기 초반의 대표적인 연금술서인 갈홍(葛洪, 중국 동진[東晉]의 도사-역주)의 『포박자』를 근거로, 진사를 가열하여 수은으로 바꾸고 다시 수은을 진사로 되돌리는 작업을 아홉 번 반복하면, 이를 복용하는 자를 사흘 만에 불사신으로 만들어주는 단을 정제해낼 수 있다고 했다(『도교』).

연단술은 당나라 전성기였던 7세기에서 8세기 사이에 실크로드 혹은 해상로를 통해 아라비아로 전해졌을 가능성이 크다. 위백양(魏伯陽)의 『주역참동계』와 갈홍의 『포박자』에 나오는 연단술과 아리스토텔레스의 그리스 자연학이 융합되어 아라비아 연금술이 형성되고, 그 가운데서 유황=수은 이론이 나왔을 것이다. 연금술에 연단술은 실천적인 측면을, 그리스 자연학은 이론을 제공한 것이다.

마하디핫산에 따르면 알키미아의 「케미아(chemia)」는 「금액(金液, kimiya)」에서 유래했으며, 처음에는 연금 영액(음용 금)을 의미했으나, 이윽고 연금술을 뜻하게 되었다고 한다(『암빅스』 23:3, 1967년). 연금 영액 엘릭서(elixir, al-iksir)는 생명의 원동력으로서 우주 전체에 가득 차 있는 근원적인 힘, 즉 '키(氣, chhi)'에서 유래한 말이며, 연금술은 기를 고정함으로써 불로불사 혹은 회춘을 시켜주는 영약을 만들어내는 기술로 보게 되었다는 것이다(『암빅스』 4:3, 1977년). 알키미(연금술)의 어원은 이집트를 지칭하는 켐(검은 흙, khem)에서 유래했다는 것이 가장 일반적인 설이지만, 이는 설득력이 부족하다. 알이라는 접두사가 보여주는 것처럼, 또 알코올이나 알렘빅(증류기) 등의 연금술 관련 용어를 통해서도 알 수 있듯이, 연금술은 아라비아 세계에서 처음 등장했고, 가령 그리스나 이집트에 동일한 기술이 있었다고 하더라도 양자는 비슷해 보일 뿐 전혀 다른 것이기 때문이다. 연금술의 기본 이론인 유황=수은 이론부터가 연금술의 원류가 중국 연단술에 있다고 강력하게 주장하는 듯하다.

2···중세 수도원의 실천

수입된 연금술

11세기부터 13세기까지 유럽 사회는 아라비아에서 꽃핀 최첨단 문명과 접촉하고 그 고도로 발달한 문화에 경탄했다. 아라비아 연금술이 수입된 계기는 1096년에 시작된 십자군 전쟁, 즉 그리스도교도에 의한 성지 예루살렘 탈환과 방어 운동이다. 연금술은 아라비아 과학의 유럽 전파라는 문화 전파의 일환으로 평가할 수 있다. 이때 장해가 된 것은 유럽인에게 난해하게 느껴진 아라비아어라는 언어였는데, 아라비아어를 라틴어로 번역하는 작업은 두 언어에 모두 정통한 유대인이 했다. 스페인 톨레도와 이탈리아 시칠리아 등을 중심으로 번역 작업이 이루어졌으며, 유럽은 대번역 시대를 맞이한다. 도화선이 된 것은 체스터의 로버트(Robert of Chester)가 번역한 『연금술의 구성』(1144년)이었다. 그는 이 책에서 당시 "라틴 세계(서양)에서는 누구 하나 연금술이 무엇인지, 구성이 어떻게 되는지 아는 사람이 없다"라고 했다. 그 후 연금술이 본격적으로 유럽에 소개되기 시작하여 12세기에는 그 유명한 『현자의 무리』가 아라비아어에서 라틴어로 번역되었다. 그리고 늦어도 13세기 초반에는 연금술 이론을 요약한 「에메랄드 서판」(106페이지 참조)도 라틴어로 번역되었다. 나아가 13세기 후반에는 (라틴의) 게베르의 『연금

로저 베이컨: 미하엘 마이어의 『황금 테이블의 상징』(1617년). '경이 박사'라고 불린 프란체스코회 수도사로서 광학, 천문학, 물리학, 신학, 언어학에 정통했다. 실험과 경험을 중시했으나, 다른 한편으로는 현자의 돌과 연금 영액 엘릭서의 존재 가능성을 믿었다.

술 완성 대전』 사본이 중세 연금술사가 가장 먼저 참고해야 할 책으로 널리 퍼졌다.

6세기에 누르시아의 베네딕투스(Benedictus de Nursia)가 몬테카시노 수도원을 창설한 후 수도원 제도의 기초가 다져졌고, 12세기가 되면 클레르보의 베르나르두스(Bernardus Claraevallensis, 베르나르[Bernard]) 등이 지도한 덕에 수도원은 유럽 전역으로 퍼져나갈 만큼 거대한 조직이 된다. 13세기에 들어서자 도미니크회와 프란체스코회와 같은 탁발 수도회가 생겨났고, 이교도들을 굴복시키기 위해 이론으로 무장할 필요성이 생겨 학문 연구가 장려되었다. 이 무렵 유럽 각지에 파리대학을 비롯한 여러 대학이 설립되는데, 이들 대부분이 수도원이나 사교좌성당(cathedral) 부속 교육 시설로서 출발했다. 아라비아에서 들어온 자연과학은 학문의 왕인 신학을 뒷받침하기 위해 연구되었고, 연금술도 그중 하나로서 수도원에서 실

> **알베르투스 마그누스**: '보편 박사'라는 별명을 가진 도미니크회 수도사. 아리스토텔리스주의와 아라비아 과학을 융합하여 그리스도교 자연철학을 형성했다.

천되었다.

아르노 드 빌뇌브, 알베르투스 마그누스(Albertus Magnus), 토마스 아퀴나스(Thomas Aquinas)는 도미니크회에서 교육받았고, 로저 베이컨(Roger Bacon), 라몬 율(Ramon Llull, 라이문두스 룰루스[Raimundus Lullus])은 프란체스코회에서 교육받았다.

신학자의 연금술

중세 시대 최고의 철학자 알베르투스 마그누스는 슈바벤 지방의 귀족 집안에서 태어나 파도바대학에서 수학한 후 도미니크회 수도사가 되었다. 그는 학식이 대단히 넓어 '보편 박사(Doctor Universalis)'라는 별명을 얻었고, 1228년부터는 프라이부르크대학, 쾰른대학 등의 대학에서 아리스토텔레스 철학을 바탕으로 철학 강의를 했고, 1245년 파리 체재 시절부터는 집필 활동을 하기 시작했다. 그

아르노 드 빌뇌브: 미하엘 마이어의 『황금 테이블의 상징』(1617년). 왼쪽에는 『현자의 장미원』을 집필한 아르노 드 빌뇌브가 있고, 오른쪽에서는 왕과 왕비가 결혼반지를 교환하고 있다. 왕과 왕비의 결혼은 대립하던 것의 합치를 상징한다.

는 『연금술 소저(小著)』 등의 책을 썼으며, 유황=수은 이론을 중심으로 아라비아 연금술을 소개했다. 그는 죽을 때까지 아리스토텔레스에 심취해 있었으며, 독자적인 해석과 보충을 덧붙여 아리스토텔레스 철학의 전체적인 모습을 이해하기 쉽게 제자들(『신학 대전』으로 그리스도교적 세계관을 확립한 토마스 아퀴나스 포함)에게 전했다. 알베르투스 마그누스가 서양 역사에서 한 역할은 아리스토텔레스주의와 아라비아 과학을 융합하여 그리스도교 자연철학을 형성한 것이다.

로저 베이컨은 옥스퍼드대학에서 공부한 후 프란체스코회 수도사가 되었다. 파리대학에서 아리스토텔레스 강의를 한 적이 있는 자연철학자이며, 광학, 천문학, 물리학, 신학, 언어학 등을 폭넓게 연구하여 '경이로운 박사'라고 불렸다. 1265년에서 1268년 사이에 『대저작』과 『소저작』, 그리고 연금술이 의학과 약학에 필요함을 강조한 『제3저작』을 썼다. 베이컨은 본인이 편찬한 가짜 아리스토텔레스의 『비밀 중 비밀』의 영향을 받아 금속 변성에 필요한 현자의 돌이나 장수 비약으로서의 연금 영액 엘릭서의 존재 가능성을 주장했다.

아르노 드 빌뇌브는 카탈루냐에서 태어났으며, 도미니크회 수도사가 되었다. 유럽 각지를 두루 둘러보고, 히브리어 외에 아라비아어를 배우고, 아비센나와 고대 서양 의학의 권위자 갈레노스(Claudios Galenos)의 저작을 라틴어로 번역했다. 또 나폴리에서 그리스 의학과 아라비아 의학을 두루 공부하고, 아라곤 왕과 시칠리아 왕, 교황 보니파시오 8세 등을 치료하며 의사로도 활약했다. 그의 치료법은 연금 영액 엘릭서를 투여하는 등 마법적인 요소가 다분했다. 예를 들어 광물약 등을 사용한 점에서는 파라셀수스(61~62페이지 참조)보다 앞선 존재라고 볼 수 있다. 하지만 1292년에 이단 의혹을 받고

교황 요한 22세: 교황 요한 22세가 1317년에 연금술 금지령을 내렸는데, 금지 내용은 가짜 금 제조 금지였다. 그러나 교황 본인은 아르노 드 빌뇌브나 라몬 율과 같은 시대 사람이라 직접 아비뇽에 연금술 실험실까지 설치했다. 이 그림은 교황 요한 22세가 프란체스코회 수도사 두 명에게 인사를 받는 장면이다. 15세기 제작.

파라셀수스: 본명은 테오프라스투스 봄바스투스 폰 호엔하임(Theophrastus Bombastus von Hohenheim). 파라셀수스라는 호칭은 1529년부터 사용하기 시작했으며, 로마 시대의 의사 셀수스를 '뛰어넘다'라는 뜻이다. 파라셀수스는 헤르메스파, 의화학파, 신지학파 등 16세기 이후 생겨난 유럽 연금술의 원류이다.

이단 심문소에 구속되었다. 사본으로 유포한 『현자의 장미원』에서는 이론적인 연금술뿐 아니라 실천적인 연금술도 함께 다루었다. 그는 이 책에서 아라비아의 유황=수은 이론을 기본으로 삼았으나 유황은 보조적인 역할을 한다고 보았으며, 순수한 유황은 수은 내부에 포함되어 있다고 보는 수은 중심 이론을 펼쳤다.

아르노의 제자 라몬 율은 스페인 마요르카섬에서 태어났고, 프랑스에서 공부한 후 프란체스코회 수도사가 되었다. 아라비아어 실력도 뛰어났으며, 이슬람교도를 그리스도교도로 개종시키는 데 온 힘을 쏟았지만, 1315년에 이슬람교도가 던진 돌을 맞고 사망했다. 그와 관련해서는 웨스트민스터 수도원장 존 크레머에게 연금술의 비전을 전수했다는 이야기, 런던탑에서 에드워드 3세를 위해 비금속 22톤을 금으로 변성시킨 이야기 등의 다양한 전설이 전해 내려온다. 율은 '살아 있는 은', 즉 수은이 만물의 근원이고, 천지창조의 원물질이라고 생각했다. 수은의 가장 정

Column 3

전설적인 연금술사

유럽에서 가장 유명한 연금술사 중 하나로 니콜라 플라멜(Nicolas Flamel)을 꼽을 수 있다. 그의 생애는 전설과 사실이 뒤범벅되어 있기 때문에 니콜라 플라멜이라는 인물상을 정확하게 그려내는 것은 쉬운 일이 아니다. 플라멜은 『상형우의도(象形寓意圖)의 책』(57페이지)에 실린 도판으로 유명한데, 이 책이 실제로 햇빛을 본 것은 피에르 아르노(Pierre Arnauld)가 번역한 프랑스어판이 출판된 1612년이다. 『상형우의도의 책』은 위작이라는 설이 있고, 18세기에 플라멜 연구자들의 논쟁 대상이 되었을 때부터 현재까지 계속되는 문제지만, 라틴어판 원본이 아직까지 확인되지 않았으며 아르노의 창작일 가능성이 높다. 하지만 위작인가 아닌가는 제쳐놓더라도, 프라멜과 상형우의도가 유럽 연금술의 하나의 이미지를 확립한 것은 사실이다.

1330년에 태어난 플라멜은 파리에서 필사 경력을 쌓은 후 공증인으로서 작은 가게를 연다. 1357년 어느 날 밤, 플라멜은 천사가 유대인 아브라함이 쓴 원고를 모은 책(「아브라함의 책」)을 들고 나타나는 꿈을 꾸었다. 머지않아 어느 낯선 남자가 꿈에서 본 것과 같은 오래된 큰 책을 들고 플라멜의 가게에 왔다. 이 책을 2플로린이라

니콜라 플라멜: 유럽에서 가장 유명한 연금술사. 1382년에 수은을 양질의 금으로 바꾸는 것에 성공했다고 한다. 오른쪽 그림은 17세기 후반에 제작된 상상도이다.

메르쿠리우스와 노인: 플라멜의 연금술 우의도 I)을 바탕으로 그려진 도판. 구도는 조금 다르지만, 카두케우스를 든 메르쿠리우스와 머리에는 모래시계가 달리고 손으로는 큰 낫을 들고 있는 노인이 그려져 있는 점이 일치한다.

는 고가에 사들인 플라멜은 거기에 적힌 내용이 연금술 비전을 나타낸 것이라고 판단했다. 그 후 장장 21년 동안 해독하려고 애썼지만, 허망하게도 성과를 내지 못했다. 이에 저자가 유대인이니 내용을 해독하려면 유대교 신비주의 카발라의 비밀을 알아야 한다고 생각한 플라멜은 1379년에 스페인의 성지 산티아고 데 콤포스텔라의 유대교 회당에 가기 위해 여행길에 오른다. 돌아오는 길에 플라멜은 유대인 개종자이자 그의 스승이 되는 인물, 칸체스(Canches)를 만난다. 이 사람이야말로 『아브라함의 책』의 우의를 해독할 수 있는 자라고 확신하고, 함께 파리로 향한다. 하지만 노령이었던 스승은 파리에 도착하기 직전에 병에 걸려 사망한다. 플라멜은 여행 중에 스승 칸체스에게 받은 우의 해석 방법을 바탕으로, 독자적으로 금속 변성 작업을 계속한다. 1382년 1월 17일 플라멜은 드디어 아내 페르넬(Pernelle Flamel)과 함께 반 파운드가량의 수은을 순수한 금으로 바꾸는 실험에 성공한다. 계속해서 4월 25일에는 붉은 돌을 이용하여 수은을 '일반적인 금보다 의심의 여지 없이 양질이며 더 부드럽고 전성(展性)이 뛰어난' 금으로 바꾸는 실험에도 성공한다. 그 후 플라멜은 시료원 열네 개와 예배당 세 개를 세우고 교회 일곱 곳에 거액의 기부를 했는데, 그 자금을 연금술로 만들어냈다는 소문이 퍼졌다. 다만, 플레멜의 생활수준은 실험에 성공한 후에도 변함없이 소박했다고 한다. 1397년에 아내 페르넬이 죽자 플라멜은 『상형우의도의 책』 집필에 전념한다. 이 책은 1413년에 완성되었으며, 플라멜은 그로부터 5년 후인 1418년에 경건한 그리스도교도로서 세상을 떴다. 플라멜의 사례를 통해서도 알 수 있듯이 유명한 연금술사는 먼저 그 인물이

Column 3

실존 인물인지 아닌지 확인할 수 없는 경우가 많으며, 실존했다고 하더라도 현자의 돌을 생성하여 금을 변환하는 데 성공했는지 아닌지도 아무도 알 수 없다. 그럼에도 플라멜 전설은 계속 살아 숨 쉬다가 20세기 모더니즘 예술 영역에서 다시금 모습을 드러낸다. 앙드레 브르통(André Breton)은 「초현실주의 제2선언」에서 "초현실주의가 탐구하는 것과 연금술이 탐구하는 것은 그 목적 면에서 매우 흡사하다"라고 말하며 플라멜과 『상형우의도의 책』의 도판을 소개했다.

플라멜의 연금술 우의도: 플라멜이 파리의 이노산 묘지에 그렸다는 연금술 우의도. 왼쪽 위에서부터 순서대로 Ⅰ) 카두케우스를 든 메르쿠리우스, 머리에는 모래시계가 달리고 손으로는 큰 낫을 들고 있는 노인, Ⅱ) 북풍에 흔들리는 꽃, 드래곤, Ⅲ) 장미, 나무뿌리 근처에서 솟아나는 물, Ⅳ) 왕의 유아 학살, Ⅴ) 지팡이에 감겨 있는 뱀 두 마리, Ⅵ) 십자가의 뱀, Ⅶ) 사막의 뱀이 그려져 있다. 중앙에는 무릎을 꿇고 기도하는 남녀(플라멜과 아내 페르넬)와 그리스도, 하단에는 드래곤, 부활하는 사람, 날개 달린 사자 등이 있다. 앙드레 브르통은 Ⅰ)과 Ⅳ)에 대해 언급하며 초현실주의와 연금술의 관계를 논했다.

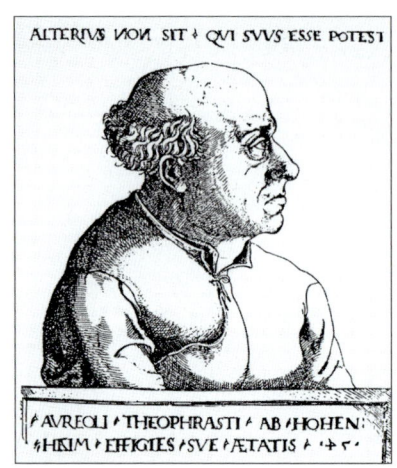

45세 때의 파라셀수스: 평생 방랑 여행을 한 파라셀수스는 1541년 48세의 나이로 사망했다. 생전에는 잘 때도 옷을 갈아입지 않고 늘 검을 쥐고 잤다. 이 검의 손잡이 끝부분 속에 비약 아르카나(arcana)를 넣고 다녔다고 한다.

묘한 부분으로 천사가, 보통으로 정묘한 부분으로 항성과 혹성이, 조잡한 부분으로 지상의 물질이 만들어진다고 주장했다. 제5원소는 항성과 혹성으로 이루어진 천상계를 구성하는 원소지만, 그 가운데 일부는 지상의 물질에도 섞여 들어가 있으며, 이렇게 섞여 들어가 있는 제5원소를 추출하는 것을 연금술의 목표로 보았다. 또 아라비아 연금술에서 계승한 유황=수은 이론이 이 시점에서 수은으로 통일되는데, 이 수은은 일반적인 수은과 달리 내부에 유황과 수은을 함께 가지고 있는 특수한 수은이다. 율은 또한 기억술 혹은 '조합술'의 권위자로서도 유명하다.

교황 요한 22세는 아비뇽에 머물던 시절인 1317년에 연금술로 가짜 금을 제조하는 것을 금지하는 교서를 내렸다. 금지한 것은 연금술이 아니라 연금술로 만든 가짜 금 제조였다. 53페이지 도판은 프란체스코회 수도사 두 명에게 인사받는 장면을 그린 것이다. 교황 본인은 아르노 드 빌뇌브나 라몬 율과 동시대 사람이라 직접 아비뇽에 연금술 실험실까지 설치했다고 한다.

3…르네상스 마법과 파라셀수스

헤르메스 사상

연금술이 아라비아에서 유럽으로 들어온 후 아라비아 연금술을 그대로 계승하는 시대가 오랫동안 이어진다. 이윽고 연금술 이론을 정립하는 과정에서 아라비아 연금술을 완전히 소화하여 유럽식으로 변화시키는 작업, 즉 그리스도교화가 진행된다. 아라비아 연금술을 변화시키는 과정에서 유럽 연금술에 추가된 요소는 헤르메스 사상, 유대교 신비주의 카발라, 그리스도교 신비주의, 마법 등이었고, 연금술은 르네상스 마법 중 한 영역으로 자리매김하게 되었다.

1460년에 헤르메스 트리스메기스투스가 쓴 『헤르메스 문서』의 그리스어판이 피렌체에 들어왔다. 이 책을 라틴어로 번역하는 작업에 착수한 사람은 피렌체 메디치 가문에서 의사로 일하던 마르실리오 피치노(Marsilio Ficino)였다.

그는 플라톤 서적 전부를 라틴어로 번역하던 것을 중단하고 『헤르메스 선집』 번역을 먼저 하여 1463년에 완성했다. 헤르메스 사상은 "신이 되는 것, 이것이야말로 인식(그노시스, gnosis)을 지닌 인간을 위한 선한 종국의 것이다" 혹은 "자신을 신과 동일하게 만들지 않으면 신을 이해할 수 없다"(『헤르메스 선집』)라는 표현을 통해 알 수 있듯

히포크라테스와 갈레노스: 기원전 4세기경 그리스에서 활동한 히포크라테스는 체액병리설(혈액, 점액, 황담즙, 흑담즙)에 기초하여 의학을 확립했으며, 서양 의학의 아버지라고 불린다. 기원후 2세기 로마에서 활동한 갈레노스는 해부학과 생리학에 기초한 체액병리설을 계승하여 그 후 1,500년 동안 서양 의학의 권위자가 된다. 두 사람은 다른 시대 사람이기 때문에 실제로는 그림처럼 한자리에 있었던 적은 없다. 파라셀수스는 갈레노스의 체액병리설이 공리공론이라고 용기를 내어 부정함과 동시에 자연을 스승 삼아 관찰하는 것과 경험을 중시하는 새로운 의료 화학을 도입했다.

이 인간을 신으로 바꾸는 것이 최종 목표이다. 피치노는 연금술 실험을 직접 하지는 않았지만, 인간에게는 우주령(제5원소, 프네우마)을 조작하는 능력이 있다는 그의 믿음은 이윽고 연금술의 과제를 생명 영기의 물질화로 바꾸어놓았다.

파라셀수스의 등장

르네상스 마법의 영향을 받아 유럽 연금술에 새로운 장을 연 사람이 파라셀수스이다. 파라셀수스의 본명은 테오프라스투스 봄바스투스 폰 호엔하임이며, 1493년에 스위스 취리히 근교의 아인지델른에서 태어났다. 1502년에는 의사였던 아버지와 함께 필라흐로 이사하여 수도원에서 교육을 받았다. 1507년부터 1512년까지의 기록은 없지만, 1512년에는 이탈리아 페라라대학 의학부를 졸업했을 것이다. 그 후 프랑스, 스페인, 잉글랜드, 프로이센, 폴란드, 튀르키예, 이집트, 그리스 등의 유럽 각지를 돌아다녔는데, 돌아다닌 기간 중 1520년에는 스웨덴-덴마크 전쟁에 덴마크 군의로 참가했다. 1527년에는 바젤에서 당시 유럽 최고의 학자 데시데리위스 에라스무스(Desiderius Erasmus)의 친구였던 인쇄업자 요하네스 프로베니우스(Johannes Frobenius)를 치료해준 것이 인연이 되어 바젤시 의사가 된다. 시 의사는 바젤대학 교수를 겸했으므로 이때가 파라셀수스의 생애 가운데 의사로서 가장 빛났던 시기라고 하겠다. 하지만 라틴어뿐 아니라 독일어로도 강의한 데다 논쟁을 좋아하는 타고난 성격이 화가 되어 바젤에도 있을 수 없게 되었다. 그는 다시 방랑하는 삶으로 돌아갔고, 1541년에 잘츠부르크에서 48세의 나이로 생을 마감했다.

파라셀수스의 등장으로 연금술의 목적은 금 변성에서 병 치료와 의학 제조로 방향이 크게 바뀌었다. 파라셀수스는 1527년 어느 축

식물에서 약을 추출: 파라셀수스가 등장해 광물약을 사용하기 전까지 유럽에서 사용된 약의 주재료는 식물이었다. 위쪽과 아래쪽에 황도 12궁이 그려져 있어서 의학과 천체의 관계를 보여준다. 중앙에는 증류기가 그려져 있다.

제일에 바젤 광장에서 아비센나의 『의학전범』을 장작불 속에 던졌는데, 이는 그때까지 1,000년 넘게 서양 의학을 지배한 옛 권위와의 결별을 상징하는 사건이었다. 당시는 그야말로 종교개혁의 태풍이 휘몰아치던 때로, 1517년에 마르틴 루터가 「95개조 논제」를 발표하여 가톨릭교회와 교황의 권위를 부정하는 사건이 일어났다.

'의학계의 루터'라고 할 수 있는 파라셀수스가 갈레노스와 아비센나의 체액병리설 대신에 중시한 것은 자연을 진정한 스승으로 여기는 의학이고, 화학적인 의약을 중시하는 실천적인 의학이었으며, 병의 원인을 특정한 다음 각각의 증상에 따라 약을 투여하는 의학이었다. 파라셀수스는 의학뿐 아니라 외과학, 신학, 자연철학 등에 관한 방대한 저작을 남겼으며, 특히 병에는 다섯 가지의 원인(천체, 독, 자연, 정신, 신)이 있다고 지적한 『볼루멘 파라미룸(Volumen paramirum)』(1525년), 『파라그라눔(Paragranum)』(1530년, 의학의 네 가지 근본 기둥으로 철학, 천문학, 연금술 그리고 덕성을 들었다), 『오푸스 파라미룸(Opus paramirum)』(1530년, 4권으로 이루어진 방대한 양의 저작으로, 물질은 유황, 수은, 소금으로 이루어진다는 그 유명한 삼원질론을 주장)은 3대(大) 저작이라고 불린다.

파라셀수스라는 호칭에는 로마 시대의 의사 셀수스(Aulus Cornelius Celsus)를 '넘어서다'라는 의미가 담겨 있는 것처럼 3대 저작에 모두 '파라', 즉 '넘어서다'라는 뜻의 접두어가 붙어 있다. 의학의 네 가지 근본 기둥 중 하나인 '덕성'은 '윤리'보다 오히려 인간 내부에 숨겨져 있는 '힘'이라는 뜻으로 사용했으며, '파라'라는 말을 많이 사용한 점 등을 통해서도 고착된 인습적인 관념을 뛰어넘으려고 한 파라셀수스의 강한 의지가 엿보인다. 연금술에 관한 저작으로는 약학 연구의 일환으로서 제5원소, 연금 영액 엘릭서, 비약 아르카나 등에 관해 논한 『아르키독시스(Archidoxis)』(1526년), 4대 원소의 정령(물의 정령 님프, 불의 정령 샐러맨더 등)에 관해 쓴 『요정의 책』, 연금술에 의한 소형 인조인간에 관해 쓴 『호먼큘러스(Homunculus)의 책』 등이 있다. 파라셀수스는 생명 현상의 근저에 있는 실체로서 동식물과 광물의 종자에 내재하는 생명 영기, 즉 아르카에우스(archaeus)를 상정했다. 비약 아르카나는 이 생명 영기를 화학적인 조작으로 추출하여 고정시킨 것이다. 이리하여 파라셀수스 이후로 연금술은 금 변성 기술에서 의학과 일체화된 의학 정제 기법으로 바뀌게 된다.

또 매독 치료와 관련하여 『프랑스병에 관하여』라는 책을 썼다. 15세기 말부터 16세기까지 유럽에서 크게 유행한 매독은 오늘날

만연한 에이즈와 흡사한 면이 있는데, 그러한 (당시의) 현대병에도 파라셀수스는 적극적으로 임했다. 하지만 그러한 도전적인 자세 때문에 살아생전부터 많은 사람이 그를 적대시했다. 그래서 그의 저서는 『대외과학』 등의 몇 점을 제외하고는 16세기 후반이 될 때까지 거의 출판되지 못했고, 1541년에 사망한 후에도 한동안은 좋은 평가를 받지 못했다. 그러다가 16세기 말을 맞이할 즈음 유럽 각지에서 신봉자가 생기면서 이른바 의화학(의료 화학)파가 생겨난다. 의화학파에도 다양한 유파가 있었지만, 파라셀수스가 유럽 연금술에서 하나의 매듭이 된 것은 의심할 여지가 없는 사실이다.

4…연금술의 도시, 프라하

16세기에 신성로마제국 황제 칼 5세의 통치하에 합스부르크가는 태양이 지지 않는 세계 제국을 구축했다. 1556년에 스페인계와 오스트리아계로 분열되었지만, 펠리페 2세가 통치한 스페인은 세계 무역을 독점하여 그야말로 번영했다. 또 신대륙에서 금은보석, 특히 대량의 은이 유입되어 유럽 사회에 화폐 가치 하락과 물가 상승 사태를 일으킬 정도로 많은 영향을 끼쳤다. 신성로마제국 황제의 왕관은 오스트리아계가 계승했지만, 마드리드 궁정이 정치적으로

나 경제적으로나 앞서 있었다. 그러한 상황에서 루돌프 2세가 1575년에 24세의 나이로 보헤미아 왕이 되었고, 이듬해인 1576년에는 신성로마제국 황제로 즉위했다. 루돌프 2세는 1583년에 수도를 빈에서 프라하로 옮기고, 헤르메스 사상과 마법적인 분위기로 가득한 왕궁에서 시간을 보냈다.

프라하는 지리적인 특성상 유럽의 온갖 문화가 섞여 있는 곳으로 유명했는데, 예술과 과학을 사랑한 루돌프 2세의 궁정에는 존 디, 에드워드 켈리, 튀코 브라헤, 요하네스 케플러, 조르다노 브루

루돌프 2세: 루돌프 2세의 궁정에는 유럽 각지에서 온 과학자, 점성술사, 연금술사, 마법사, 예술가가 있었다. 그 중에는 존 디(John Dee), 에드워드 켈리(Edward Kelley), 튀코 브라헤(Tycho Brahe), 요하네스 케플러(Johannes Kepler), 조르다노 브루노(Giordano Bruno), 마르틴 룰란트(Martin Ruland) 부자(父子), 하인리히 쿤라트(Heinrich Khunrath), 미하엘 마이어, 미카엘 센디보기우스(Michael Sendivogius) 등이 있었다.

노 등 유럽 각지에서 온 과학자, 점성술사, 연금술사, 마법사, 예술가가 모여 있어서 마치 대학교를 축소해놓은 듯한 분위기였다.

루돌프 2세는 마르틴 룰란트 부자, 하인리히 쿤라트, 미하엘 마이어, 미카엘 센디보기우스, 니콜라 바르노(Nicola Barnaud), 오스발트 크롤 등 유럽을 대표하는 연금술사와 의사를 보호했을 뿐 아니라

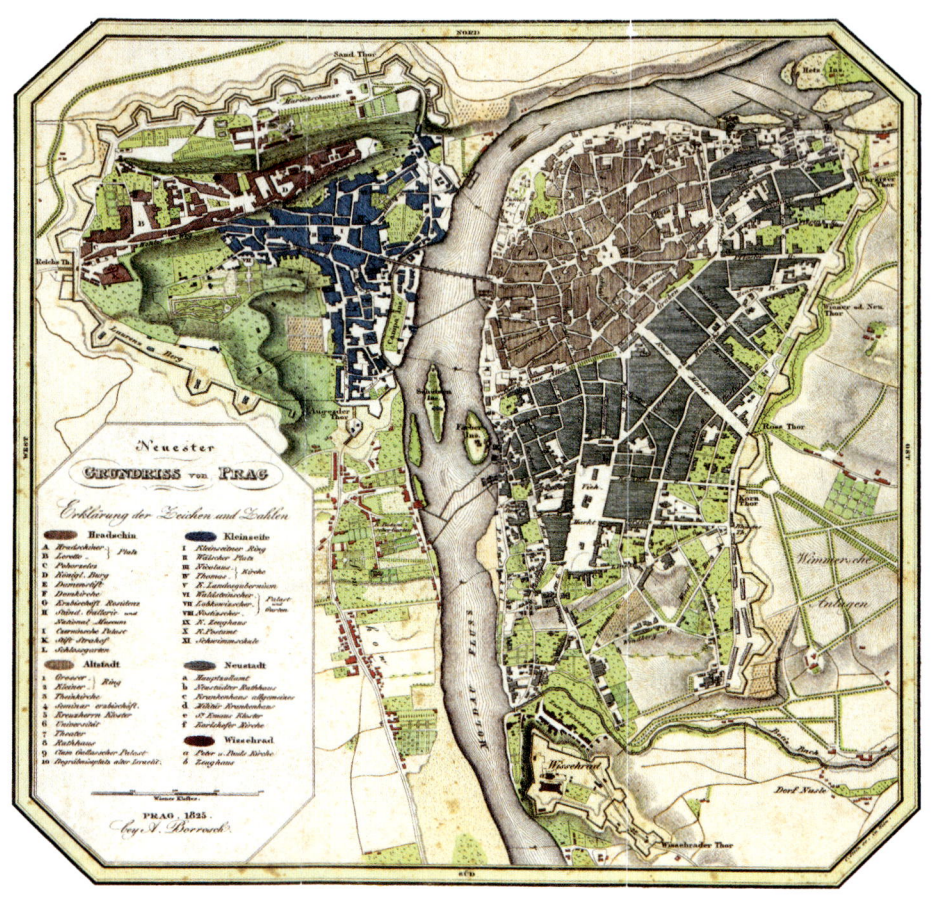

프라하: 프라하는 루돌프 2세 재위 기간에 유럽 최고의 연금술 도시가 되었다. 프라하성, 왕궁, 성비투스 대성당, 카렐교, 구시가 광장, 유대인 공동묘지, 신시가 등이 정확하게 그려져 있다. 19세기 제작.

본인도 금 변성 작업에 참여했다. 그리하여 이 시기에 프라하는 유럽 최고의 연금술 도시가 된다. 루돌프 2세는 연금술뿐 아니라 예술과 공예를 보호하여 신비로운 물건을 최대한 많이 수집했고, 왕궁 한편에 '경이로운 방'이라는 공간을 마련하여 그것들을 전시했다. 그중에서도 루돌프 2세가 보석과 귀금속 채굴과 수집에 특히

카렐교에서 바라본 프라하성.

열중하여 연금술사들이 보헤미아의 광업과 요업 발달의 기초를 다졌다고 한다.

  프라하성 왕궁 쪽에서 블타바강을 바라보는 위치에 루돌프 2세를 섬긴 연금술사들이 거주한 골목이 있는데, 이곳을 '황금 골목길(또는 연금술사 거리)'이라고 불렀다(참고로 황금 골목길에서 나중에 20세기 독일 문학을 대표하는 작가 프란츠 카프카도 잠시 살았다). 비교적 자유로운 분위기였던 프라하에는 유대인도 다수 거주했으며, 랍비 유다 뢰브(Judah Loew ben Bezalel)와 왕의 종교 고문 피스토리우스(Johannes Pistorius) 등을 중심으로 카발라 연구가 진행되었다. 지금도 구시가에 남아 있는 유대교회당에 가면 카발라 도판이 어두침침한 회당 내부 기둥에 걸려 있는 것을 볼 수 있다.

존 디

　이탈리아의 존 디는 프라하를 찾은 연금술사 중에서 가장 이색적인 인물이다. 디는 1527년에 태어났으며, 1542년에 케임브리지대학에 입학했고, 1548년에 문학 석사가 되었다. 그는 수시로 네덜란드와 프랑스 등의 대륙을 여행하며 항해술과 지리학 등의 실용 과학부터 헤르메스 사상, 파라셀수스, 카발라 등의 신비 사상까지 폭넓게 공부했다. 그의 학문 중심에 있었던 것은 수학이었으며, 1570년에는 『유클리드 기하학 원론』 영어 번역본에 「수학적 서문」을 썼다. 또 그보다 조금 전인 1564년에는 수학, 마법, 카발라, 연금술을 종합한 우주론을 펼친 『상형문자의 단자』를 출판하여 막시밀리안 2세(루돌프 2세의 아버지)에게 헌정했다. 1582년에는 수정을 사용하는 점술가 겸 연금술사 에드워드 켈리를 만나 천사 마법을 테스트했다. 그리고 1583년에 켈리와 함께 폴란드에 갔다가 1584년 9월에 유럽 연금술의 중심지 프라하로 간다. 디와 켈리

존 디: 엘리자베스 여왕 시대의 최고 마법사 존 디는 1584년에 에드워드 켈리와 함께 프라하로 갔다.

를 맞이한 사람은 루돌프 2세의 주치의 겸 연금술사 타데아스 하예크(Tadeáš Hájek)이며, 두 사람은 구시가에 있는 그의 집에서 지냈다. 디는 하예크의 실험실에서 금 변성 실험을 했고, 또한 루돌프 2세 앞에서 강령술 실연을 했다.

　이 시대의 강령회는 19세기 심령주의와 달리 우리엘이나 가브리엘과 같은 천사와 대화하려고 시도하는 다이몬 마법이었다. 디는 켈리를 영매로 사용하여 천사와 교류했고, 현자의 돌에 관한 비전도 천사에게 배웠다. 천사 마법은 피치노(Marsilio Ficino)나 하인리히 코르넬리우스 아그립파 폰 네테스하임(Heinrich Cornelius, genannt Agrippa von Nettesheim) 등이 시행한 르네상스 마법의 일부로, 천사를 불러내는 기술로 여겨졌다. 하지만 천사 마법과 흑마법(사탄의 영혼을 불러내는 요사스러운 술수)을 분간하는 것이 속인에게는 어려운 일이었기 때문에 켈리와 디는 사람들의 마음을 어지럽히는 요술사일지도 모른다는 소문이 퍼

하인리히 쿤라트: 파라셀수스파 의사로, 야코프 뵈메(Jacob Böhme)와 함께 이 시대 신지학적 연금술을 대표하는 인물이다. 저서 『영원한 지혜의 원형 극장』은 연금술과 카발라를 융합한 장미십자 사상을 대표하는 책이라는 평가를 받는 한편, 앙드레에(Johann Valentin Andreae)와 사상적으로 격렬하게 대립했다는 평판도 있는 등 16세기 말부터 17세기 초반 유럽의 복잡한 종교적 상황이 엿보인다.

졌다. 이윽고 가톨릭교회로부터 이단 혐의를 받아, 1586년 두 사람은 프라하를 떠나 보헤미아 트르제본에 있는 로젠베르크(William of Rosenberg) 백작 영지로 거처를 옮긴다. 로젠베르크는 루돌프 2세에게 뒤지지 않을 만큼 연금술과 카발라 등의 학문에 열성적이었던 인물로, 성내에 전용 연금술 실험실이 있을 정도였다. 디는 2년가량 트르제본에 머문 후 1589년에 런던으로 출발했다.

귀국하는 길에 브레멘에서 연금술사 하인리히 쿤라트가 디를 찾아왔다고 한다. 쿤라트는 1560년 무렵 라이프치히에서 태어나 바젤대학에서 공부한 후 프라하에서 살았다. 1591년에 로젠베르크 백작의 주치의가 되었고, 1595년에는 저서 『영원한 지혜의 원형극장』을 간행했다. 네 장의 컬러 원형 도판으로 이루어진 이 책에는 『구약성서』에서 인용한 306구절과 주석이 게재되어 있으며, 그 밖에 그리스도를 현자의 돌과 동일시하는 등(186페이지 참조) 연금술

튀코 브라헤: 덴마크의 천문학자 튀코 브라헤는 망원경이 아니라 육안으로 밤하늘을 관측했음에도 1572년에 카시오페이아자리의 초신성을 발견했다. 신성의 발견으로, 청공계는 불변이라는 프톨레마이오스(Klaudios Ptolemaeos)의 우주 구조와 모순되어 새로운 세계관이 등장할 분위기가 조성된다. 1566년 결투를 벌이다가 코 일부가 손상되어 은으로 된 가짜 코를 달고 다녔는데, 이 그림에는 결투 전의 모습이 담겨 있다. 튀코는 연금술에도 정통한 인물이었다.

과 카발라에 바탕을 두고 신지학을 전개했다. 그 유명한 「연금술사의 실험실」(88페이지 참조)도 초판에서부터 등장한다. 책 제목에 나오는 '극장'이라는 용어에는 관객(독자)이 도판에 표현된 연금술 무대를 봄으로써 신지학적인 무대 장치로부터 관객(독자)도 영적인 조명을 받아 정신적인 변화를 이룰 수 있다는 의미가 담겨 있다. 그래서 쿤라트의 도판에서는 구도를 어떻게 할지를 고심한 흔적이 엿보이며, 다른 도판에 비해 필요 이상으로 강약을 주었다는 인상을 받는다. 그런데 신(神) 본인이 연금술사이다(!)라는 쿤라트의 강렬한 메시지는 연금술사들 사이에서 논쟁이 되어 찬탄과 비판을 반반씩 들었다. 1602년에 『영원한 지혜의 원형 극장』 개정 증보판이 나왔으며, 다섯 장의 장방형 흑백 도판이 추가되었다(여기에 87, 112페이지의 도판이 포함되었다. 성경 구절도 306구절에서 365구절로 늘었다).

프랜시스 예이츠(Frances Amelia Yates)에 따르면 쿤라트는 "디의 영향을 받은 철학과 장미십자 선언의 철학을 잇는 다리 역할"을 했으며, "마크로코스모스와 미크로코스모스

> **요하네스 케플러:** 요하네스 케플러는 1600년에 튀코 브라헤의 조수가 되었다가 1601년에 그의 후계자가 된다. 케플러는 튀코가 남긴 방대한 관측 기록을 분석하는 과정에서 혹성의 운동을 수학적인 법칙(케플러의 법칙)으로 설명하는 것에 성공한다.

『영원한 지혜의 원형 극장』(1602년)의 타이틀 페이지: 위쪽에 삼위일체의 영광이 삼각형과 히브리어로 표현되어 있다. 그 밑에 쿤라트의 초상화, 계속해서 "그리스도교적 카발라, 신적(神的) 마법, 물상 화학, 삼위일체의 보편적 요체인 영원하며 유일한 진실인 지혜의 원형 극장"이라고 적혀 있다. 아래쪽 산은 메르쿠리우스라고 명명되어 있으며, 산꼭대기에는 수은의 연금술 기호가 새겨져 있다. 양쪽의 두 기둥에는 마그네시아와 유황 기호가 위쪽에 있고, 아래쪽에는 "아래 것은 위 것과 비슷하다"라는 「에메랄드 서판」의 글귀가 새겨져 있다.

에 대한 집요한 역설이나, 마법과 카발라와 연금술에 대한 강조"라는 점에서 장미십자선언문서와 공유하는 세계관을 전개했다고 한다. 또 「연금술사의 실험실」은 "카발라와 연금술과 숫자의 결합"을 요약한 디의 『상형문자의 단자』를 도해한 것이라고 한다. 양성구유자 도판(127페이지 참조)을 보면 검은 새의 가슴에 AZOTH(현자의 수은)라고 적혀 있고, 가운데 문자 O를 중심으로 '상형문자의 단자'가 새겨져 있다. 하지만 쿤라트가 장미십자단의 정통적인 리더로 인정받았는가 하면 꼭 그렇다고 할 수 없는 면이 있다. 장미십자선언 작성에 참여한 요한 발렌틴 앙드레에는 아이러니하게도 쿤라트의 '열광'을 격렬하게 비판하며 대립하는 입장에 있어서, 당시 루터파를 둘러싼 사상적인 대립의 편린이 엿보인다.

Column 4

왕후귀족을 섬긴 연금술사

비금속을 금으로 변성하는 것에 성공했다는 에피소드는 니콜라 플라멜에게만 있는 것이 아니다. 1610년 어느 날 스코틀랜드의 알렉산더 세톤(Alexander Sethon)은 난파된 배에서 네덜란드인 선원을 구해준다. 이듬해에 이 선원의 네덜란드 집을 방문한 세톤은 연금술 비법을 전수받아 붉은 분말을 사용하여 납을 금으로 변성하는 실험에 성공하고, 나아가 스위스 바젤에서도 동일한 실험에 성공한다. 이 소문을 들은 작센 선제후 크리스티안 2세(Christian II)는 현자의 돌의 비밀을 손에 넣기 위해 세톤을 구속하고 고문했지만, 당시 크라쿠프에 있던 의사 미카엘 센디보기우스가 작센으로 가서 세톤을 구해낸다. 하지만 세톤은 자신을 구해준 은인 센디보기우스에게조차 현자의 돌의 비밀을 가르쳐주지 않은 채 고문 후유증으로 2년 후에 사망한다. 그 후 세톤의 아내와 결혼해 그의 연금술 도구와 약품을 손에 넣은 센디보기우스는 스스로 연구를 계속해 금 변성에 성공했다고 한다.

유명한 에피소드지만, 프라멜의 이야기와 마찬가지로 후대 연구자가 지어

연금술 실험을 하는 센디보기우스: 센디보기우스가 폴란드의 왕 지그문트 3세 앞에서 금을 변성하는 것에 성공한 모습. 1867년에 제작된 상상도.

연금술 실험을 하는 센디보기우스: 신성로마제국 황제 루돌프 2세 앞에서 금을 변성하는 것에 성공한 센디보기우스. 이 그림은 1867년에 그려진 73페이지 상상도를 바탕으로 1885년에 새로 제작된 것이다.

낸 허구이다. 세톤이라는 인물에 대해서도 역사적으로 실존한 인물인가 아닌가를 포함하여 여러 가지 설이 있을 뿐 확실한 사실로 인정된 바는 없다. 하지만 모두가 허구는 아니다. 센디보기우스와 관련해서는 1593년에 프라하에 도착한 후 폴란드 귀족 미콜라이 볼스키(Mikołaj Wolski)가 신성로마제국 황제 루돌프 2세의 궁정에 그를 소개한 사실이 밝혀졌다. 프라하에서 계속 살지는 않았지만, 체재하는 동안 미하엘 마이어를 비롯한 많은 연금술사의 주목을 받았다.

도판은 센디보기우스가 폴란드의 왕 지그문트 3세와 신성로마제국 황제 루돌프 2세 앞에서 금 변성에 성공한 장면이다. 다만, 73페이지 그림은 19세기에 그려진 것이고, 위의 그림은 73페이지 그림을 바탕으로 제작된 것으로, 두 그림 모두 상상도이다.

5 … 장미십자 연금술

장미십자단 결성

　연금술의 전성기는 1570년부터 반세기 정도의 기간으로, 루돌프 2세 재위 기간과 거의 겹친다. 루돌프 2세가 세상을 뜬 1612년 직후 장미십자단이라는 신비로운 결사가 모습을 드러낸다. 그리고 독일 카셀에서 1614년에 『우애단의 명성』, 1615년에 『우애단의 고백』이라는 장미십자단 선언 문서, 나아가 1616년에 슈트라스부르크에서 연금술적인 환상 소설 『크리스천 로젠크로이츠의 화학의 결혼』이 출판되었다. 저자는 튀빙겐의 학자 그룹이며 그 중심에는 나중에 루터파 목사가 되는 요한 발렌틴 안드레에가 있었을 것으로 추정된다. 선언 문서는 크리스천 로젠크로이츠(Christian Rosenkreutz)라는 인물에 의해 창설된 장미십자단의 존재를 분명히 밝히고, 새로운 시대의 도래를 고했다.

　『우애단의 명성』은 장미십자단이 창설되기까지의 유래를 밝히고 있다. 개조 크리스천 로젠크로이츠는 1378년 독일 귀족 가문에서 태어났으며, 어린 나이에 수도원에 들어갔다. 그 후 성지 예루살렘 순례 여행에 나선 그는 시리아(다마스쿠스), 예멘(담카르[Damcar]), 이집트, 모로코(페스), 스페인을 돌아다니며 수학, 의학, 천문학, 연금술, 마법(카발라 포함) 등을 익히고 독일로 돌아온다. 로젠크로이츠는 새

요한 발렌틴 앙드레에: 『우애단의 명성』(1614년), 『우애단의 고백』(1615년)에 이어서 1616년에 제3의 장미십자 문서 『크리스천 로젠크로이츠의 화학의 결혼』이 출판되었다. 저자는 튀빙겐의 학자 그룹이며, 그 중심에는 나중에 루터파 목사가 되는 요한 발렌틴 앙드레에가 있었을 것으로 추정된다.

로운 이들 학문이 유럽에서 높은 평가를 받을 줄 알았지만, 구체제의 학자들로부터 냉대받았다. 이에 로젠크로이츠는 옛날에 수도원에서 알게 된 동지 세 명과 함께 새로운 결사를 설립하기로 한다. 추가로 동지 네 명이 더 생겼으며, 이때 장미십자단을 발족한다. 본부 건물을 '성령의 집'이라 불렀으며, 무보수로 환자 치료해주기와 같은 사명을 띤 회원들을 거기에서 전 세계로 파견했다. 로젠크로이츠는 1484년에 세상을 떴는데, 120년 후인 1604년에 우연히 그의 사당이 발견되었다. 사당은 벽면이 일곱 개인 지하실이었으며, 거기에는 장미십자단이 발견한 학문적인 지혜가 응축되어 있었다.

또한 『우애단의 고백』에서는 가톨릭교회에 대한 공격을 더욱 강화하는 한편, 하늘과 땅의 양쪽 세계 우주, 특히 인간의 본성을 해명하면 영적인 여명이 찾아온다고 예언했다. 아담이 잃어버린 낙원은 장미십자 사상의 실천을 통해 인간과 사회가 발본적으로 개혁됨으로써 회복된다는 것이다. 『우애단의 고백』은 『성서』와 함께 '대자연'이라는 또 하나의 '책'에 새겨진 신의 상징을 읽어내 그것을 새로운 언어(혹은 도상)로 표현하는 것을 추구했다.

『우애단의 명성』과 『우애단의 고백』은 둘 다 현자의 돌로 금을 변성하는 연금술을 신도 두려워하지 않는 '가짜 금 만들기'라며 맹렬하게 비판했다. 장미십자단이 추구한 진정한 연금술의 목표는 새로운 의료 화학으로 대가를 받지 않고 환자 치료하기, 진리로 사람들을 지혜의 집으로 인도하기, 신과 인간과 관련된 세계의 전반적인 개혁 실현에 있다고 보았다.

『크리스천 로젠크로이츠의 화학의 결혼』은 왕과 왕비의 결혼에

테오필루스 슈바이크하르트 콘스탄티엔스(Teophilus Schweighardt Constantiens): 『장미십자단의 지혜의 거울』(1618년). 장미십자단의 전설적인 개조 크리스첸 로젠크로이츠는 시리아와 이집트 등을 두루 여행하고 최첨단 아라비아 과학을 배웠다. 독일로 돌아온 후 수도원에서 알게 된 동지 세 명과 함께 장미십자단을 창설했다. 본부 건물은 '성령의 집'이라고 불렀고, 거기에서 전 세계로 회원을 파견했다. 그림 속 창문으로 연금술 실험 장치와 연구에 몰두 중인 학자의 모습이 보인다.

초대받은 로젠크로이츠가 주인공인 연금술적인 환상 소설이다. 초대에 응한 로젠크로이츠가 경험한 7일간의 기록이 『크리스첸 로젠크로이츠의 화학의 결혼』이며, 방문객의 정신적인 고결함을 묻는 다양한 시련을 통과한 로젠크로이츠는 마지막에 '황금의 돌 기사단'에 가입한다. 프랜시스 예이츠에 따르면 시련을 통과한 손님들은 '태양의 관'에서 일곱 막으로 구성된 연극을 보는데(나흘째), 하이델베르크성 정원에 있는 건물이 '태양의 저택'의 모델이라고 한다(프랜시스 예이츠의 『장미십자의 각성』). 왕과 왕비의 결혼은 죽음과 부활에 의한 물질의 변용을 표현한 것이며, 엿새째 날에는 올림포스 탑에서 연금 작업이 이루어진다(연금 작업에 관해서는 183페이지 참조).

장미십자단 선언 문서는 유럽 현자들에게 새로운 개혁 운동에 참가하라고 호소하고 끝나는데, 이 호소에 실제로 반응한 사람 중에는 예를 들어 독일의 미하엘 마이어, 영국의 로버트 플러드, 엘리아스 애슈몰(Elias Ashmole), 토머스 본(Thomas Vaughan) 등이 있다.

미하엘 마이어는 파라셀수스의 의발(衣鉢)을 이은 독일 연금술사로, 장미십자 선언에 제일 먼저 반응한 사람이다. 1568년에 발트해에 면한 킬에서 태어났으며, 1587년에 로스토크대학에 들어가 철학을 공부했다. 1596년에는 바젤대학에서 의학 박사 학위를 취득하고, 그 후 고향으로 돌아와 병원을 차리고 일하다가 의료 화학이 눈부신 치료 효과를 내는 것을 알고 1602년부터 1607년까지 킬에 실험실을 마련하고 연금술 실험에 열중한다. 그 결과 연금 영약을 만들어내는 데 성공했다고 한다. 1608년에 루돌프 2세의 초청을 받고 프라하로 가서 그의 주치의가 되지만, 1612년에 루돌프 2세가

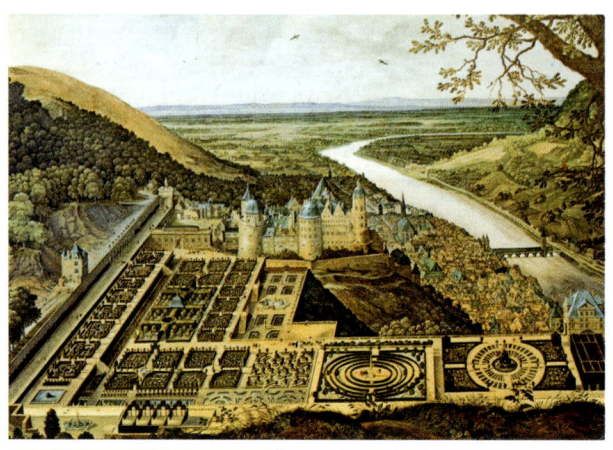

하이델베르크성과 그 정원: 프랜시스 예이츠는 『크리스첸 로젠크로이츠의 화학의 결혼』이라는 환상적인 우화의 무대가 된 신비로운 성이 팔츠 선제후 프리드리히 5세의 거성이었던 하이델베르크성일 것으로 보았다. 『크리스첸 로젠크로이츠의 화학의 결혼』에서는 나흘째 되는 날 방문객들이 '태양의 관'에서 상연되는 일곱 막짜리 연극을 감상하는데, 예이츠에 따르면 '태양의 관'은 하이델베르크성의 정원에 있는 건물이라고 한다. 오른쪽의 네카어강에 걸린 '옛 다리(칼 데오도르 다리)'를 건넌 곳에 성령 교회가 있는 것이 보인다.

사망하자 영국으로 가서 제임스 1세의 주치의 윌리엄 패디(William Paddy)하고 친구가 된다. 1613년에 제임스 1세의 왕녀 엘리자베스와 팔츠 선제후 프리드리히의 혼례가 하이델베르크성에서 거행된 것으로 미루어보아, 마이어의 런던 방문은 가톨릭교회와 대립하는 독일 프로테스탄트 세력과 영국이 동맹을 맺을 방법을 모색하기 위한 외교적인 사명을 띤 것이었을지도 모른다.

마이어는 영국에 4년간 머문 후 1616년에 독일로 돌아왔고, 그 후 2년간 『진지한 놀이』(1616년), 『황금 테이블의 상징』(1617년), 『소란

> **미하엘 마이어**: 파라셀수스의 의발을 계승한 독일의 연금술사로, 1608년에 루돌프 2세의 초청을 받고 프라하로 가서 그의 주치의가 된다. 영국의 로버트 플러드와 함께 장미십자운동을 실질적으로 추진한 인물이다.

후의 침묵』(1617년), 『달아나는 아탈란타』(1618년), 『황금의 삼각대』(1618년), 『황금의 테미스』(1618년) 등 11권에 달하는 연금술 서적을 출판했다. 만년에는 연금술에 관심을 가지고 있던 헤센 방백 모리츠(Moritz)의 주치의로 일한 후 1622년에 마그데부르크에서 죽었다.

영국의 장미십자운동

영국에서 장미십자단의 정신을 계승한 사람은 로버트 플러드이다. 1574년에 켄트 베어스테드에서 태어났으며, 옥스퍼드대학에 들어가 1598년에 석사 학위를 취득했다. 그 후 귀족의 가정교사를 하며 프랑스, 스페인, 이탈리아, 독일을 여행하고, 파라셀수스파 의학을 공부했다. 1605년에 옥스퍼드대학에서 의학 학사와 의학 박사 학위를 취득했으나, 파라셀수스적인 의화학을 주장한 탓에 내과의사협회의 승인을 좀처럼 얻지 못하다가 1609년이 되어서야 겨우 회원이 된다.

플러드가 처음으로 쓴 책은 1616년에 출판된 『간단한 변명』으로, 장미십자단을 변호하는 문서이다. 이를 시작으로 『양우주지(兩宇宙誌)=대우주지(大宇宙誌)』(1617년, 140~143페이지 참조), 『양우주지(兩宇宙誌)=소우주지(小宇宙誌)』(1619년), 『해부학 원형 극장』(1623년), 『지고선』(1629년) 등의 논고를 차례로 출판하여 독일의 마이어와 나란히 장미십자 사상의 대표적인 변명꾼이 된다. 플러드는 면식이 있던 윌리엄 패디의 중개로 영국에 체재 중이던 마이어와 직접 교류했을 가능성이 있다.

플러드는 런던의 콜만 거리에 병원을 차렸고, 집에는 약을 직접 마련할 목적으로 연금술 실험실을 차렸다. 프랑스인 실험 조수도 고용했는데, 『양우주지=대우주지』를 비롯한 수많은 저서 인쇄비뿐 아니라 실험 장치 구입비와 인건비 등의 상당한 지출을 감당할 만한 경제력이 있었던 듯하다. 참고로 콜만 거리는 프리메이슨하고도 인연이 깊은 메이슨 거리와 연결되어 있어서 플러드가 영국 프리메이슨 창립자라는 설도 있다(토마스 드 퀸시[Thomas De Quincey], 『장미십자단과 프리메이슨의 기원에 관한 역사적, 비판적 연구』, 1824년).

플러드보다 40년가량 늦게 1617년에 리치필드에서 태어난 엘리아스 애슈몰은 영국 장미십자운동의 계승자이다. 내전에는 왕당파에 속해 참전했으며, 1645년에 의회파가 실권을 쥠과 동시에 시골로 내려가 틀어박혔다.

1646년 10월 16일에 랭커셔 워링턴에서 프리메이슨에 가입했고, 1650년에는 존 디의 장남 아서 디(Arthur Dee)의 연금술서를 라틴어에서 영어로 번역하여 출판했다. 이 『화학 소논문집』의 속표지 그림(85페이지 도판)에 그려진 동상의 머리 부분은 애슈몰 본인의 초상이 아니라 그의 황도 12궁 표식으로 되어 있다. 동상 받침대에는 '메르쿠리오필루스 앙글리쿠스(Mercuriophilus Anglicus, 메르쿠리우스를 사랑하는 영국인이라는 뜻)'

라는 그의 연금술사 이름이 적혀 있다. 애슈몰은 1651년에 연금술사 윌리엄 백하우스의 '적장자(연금술 계

로버트 플러드: 독일의 마이어와 마찬가지로 파라셀수스파 의사이며, 영국에서 장미십자운동을 추진한 대표적인 인물이다. 케플러, 메르센(Marin Mersenne), 가상디(Pierre Gassendi) 등의 당대 지식인들과 논쟁을 벌인 것으로도 유명하다.

엘리아스 애슈몰: 1651년에 연금술사 윌리엄 백하우스(William Backhouse)의 '적장자(비전 전수자)'가 되어 본격적으로 연금술을 연구하기 시작한다. 로버트 모레이(Robert Moray)와 함께 기록상 최초의 프리메이슨인 것으로 잘 알려져 있을 뿐 아니라 1660년에 왕립협회가 창설되는 데도 일조했다.

승자)'가 되었고, 1653년에 현자의 돌의 비전을 전수 받았다고 한다. 존 윌킨스(John Wilkins)와 크리스토퍼 렌(Christopher Wren) 등과도 직접적으로 교류한 사실 등을 통해 애슈몰의 인맥이 얼마나 넓었는지를 알 수 있다. 저서『영국의 화학 극장』(1652년)에는 토머스 노턴과 조지 리플리 같은 대표적인 영국 연금술사의 저서가 수록되어 있어서 뉴턴도 정독한 것으로 유명하다. 고대 유물 연구가이기도 하여 그의 방대한 컬렉션을 보관하기 위해 옥스퍼드대학에 애슈몰린 박물관이 건립되었다.

   1621년에 웨일스에서 태어난 토머스 본에게는 형이상학파 시인으로 유명한 쌍둥이 형 헨리(Henry Vaughan)가 있다. 형제는 둘 다 옥스퍼드대학에 입학했지만, 헨리는 학위를 취득하지 않고 대학을

메르쿠리오필루스 앙글리쿠스, 즉 애슈몰: 『화학 소논문집』(1650년)의 속표지 그림. 동상의 머리 부분에는 애슈몰 자신의 황도 12궁 표식을 표시해놓았고, 동상 받침대에는 '메르쿠리오필루스 앙글리쿠스'라고 적혀 있다. 왼쪽 위에는 메르쿠리우스(수은)의 연금술 기호가 있고, 아래에는 물푸레나무(ash)와 두더지(mole, 합하면 애슈몰이 된다)가 그려져 있다. 상부에서는 카두케우스를 든 메르쿠리우스가 좌우에 태양과 달을 거느리고 있다. 천구의, 악기, 컴퍼스, 직각자가 왼쪽 기둥에 있고 검, 방패, 북 등의 전쟁 도구가 오른쪽 기둥에 있다.

그만두었다. 그러나 결국 의사가 되어 병원을 운영하며 시인으로 활동했다. 형제는 둘 다 열렬한 왕당파였다. 토머스 본은 대학을 졸업하고 잠시 목사로 활동했는데, 왕당파에 속해 있다는 이유로 해임당한다. 1650년 무렵에는 런던의 새뮤얼 하틀립(Samuel Hartlib) 등의 연금술 그룹에 들어가 연금술 문서 수집과 실험을 하게 된다. 그 성과를 정리한 『신마법적 인지학』(1650년)과 『빛 속의 빛』(1651년)은 장미십자 사상을 짙게 반영한 연금술 문서로, 마법의 정통성을 강조했다. 토머스 본도 연금술사 이름을 사용했는데, 그의 연금술사 이름은 에우게니우스 필라레테스(Eugenius Philalethes)였으며 그 뜻은 '고귀하게 태어난, 진리를 사랑하는 자'이다.

본은 1651년에 결혼했는데, 그의 아내 레베카도 연금술 연구에 참여했다. 1652년에는 장미십자단 선언 문서 『우애단의 명성』과 『우애단의 고백』의 영어 번역 활자본을 출판했다. 1660년 왕정복고 때 해임되었던 왕당파 목사들의 복직이 인정되었지만, 본은 연금술 연구를 계속하는 길을 선택했다. 또 찰스 2세의 측근 로버트 모레이하고도 친분이 있었으니, 화이트홀에 있는 국왕의 실험실에서 함께 실험할 기회가 있었을지도 모르겠다. 모레이는 왕립협회 창설에 중요한 역할을 하여 (정식으로 허가받을 때까지의 기간 동안) 회장이 되었을 뿐 아니라 애슈몰과 마찬가지로 초기에 프리메이슨에 가입한 인물이기도 하다. 본은 죽을 때 장서와 사본 전부를 머레이에게 주었을 정도로 두 사람은 친했지만, 본인은 왕립협회 회원이 되지 않았고 프리메이슨에도 가입하지 않았다.

Column 5

신에게 기도하는 연금술사

하인리히 쿤라트의 『영원한 지혜의 원형 극장』은 신에게 기도를 올리는 수도사=연금술사의 모습을 표현했으며, 연금술이 그리스도교 신앙과 융합된 시대의 연금술을 반영하고 있다. 이 책에 수록된 도판 「연금술사의 실험실」은 연금술사가 어떤 존재인가를 보여주는 그림으로 널리 퍼졌다. 왼쪽에서는 연금술사가 신에게 기도를 올리고, 오른쪽에는 연금로와 용기 등의 실험

영원한 지혜를 탐구하는 연금술사: 『영원한 지혜의 원형 극장』(1602년). 왼쪽에는 동굴에 틀어박혀 명상과 기도를 통해 정신을 정화하려고 애쓰는 연금술사가 있다. 오른쪽에는 자연에 적극적으로 개입하며 자기 발로 직접 걸어 영원한 지혜의 원형 극장(오른쪽 위)에 이르는 연금술사의 모습이 그려져 있다. 양쪽 모두 수도사의 모습으로 표현되어 있다.

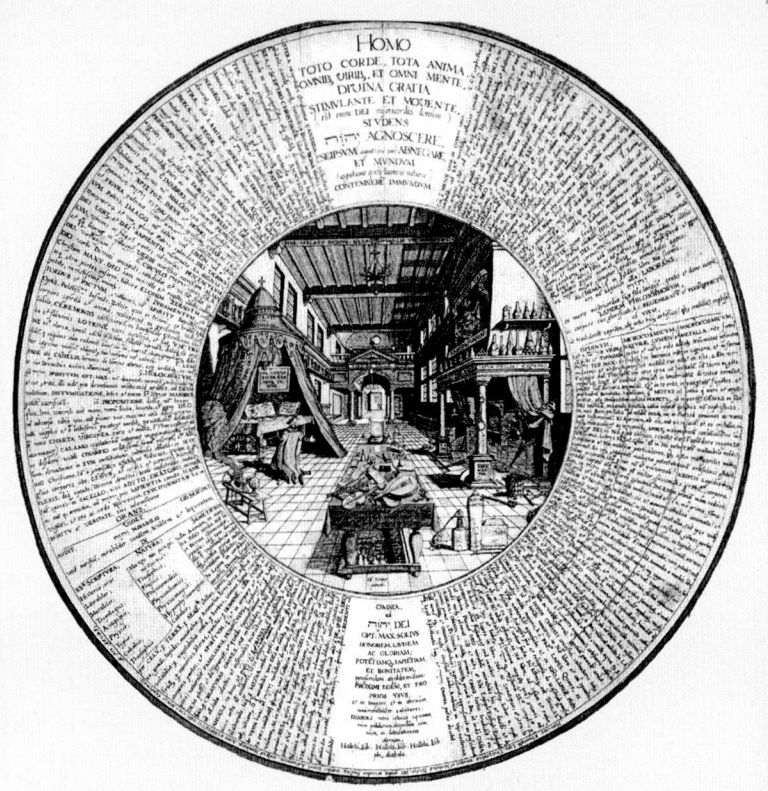

연금술사의 실험실: 연금술 문서에서 가장 빈번하게 인용되는 도판이다. 쿤라트의 『영원한 지혜의 원형 극장』(1595년) 초판이 간행되었을 때는 네 점의 원형 컬러 도판으로 이루어져 있었다. 이 그림은 그중 하나로, 중앙의 도판을 텍스트가 에워싸고 있다.

도구가 그려져 있다. 마찬가지로 이 책에 수록된 또 다른 도판에는, 왼쪽에는 동굴에 틀어박혀 조용히 명상과 기도를 통해 정신을 정화하려고 애쓰는 연금술사, 오른쪽에는 자신의 발로 직접 걸어 영원한 지혜의 원형 극장에 이르는 연금술사의 모습이 그려져 있다.

니콜라 플라멜은 공증인, 미카엘 센디보기우스는 의사 일을 해서 생계를 꾸려나갔다. 연금술사라는 직업이 있었던 것이 아니다. 연금술이라는 특수한 연구를 한 사람들은 쿤라트의 도판을 통해서도 알 수 있듯이 수도원에서 기

Column 5

도와 노동에 헌신한 수도사가 많았다. 수도원은 그리스도교 신앙에 전념하기 위해 수도사가 청빈하고 금욕적인 공동생활을 하는 곳이다. 세속 세계로부터 동떨어진 곳이라 자급자족으로 생활하는 것을 이상적으로 보았다. 6세기에 확립된 이 제도는 그 후 1,000년 넘게 유럽 문화사가 전개되는 데 중요한 역할을 한다. 수도원에는 성당과 회랑 외에 도서관이 있어서 수도사들이 베껴 쓴 귀중한 사본을 여기에서 보관했다.

연금술사의 실험실: 쿠라트의 『영원한 지혜의 원형 극장』 (1595년). 연금술사의 실험실(laboratorium)은 '노동하는 장소'라는 뜻이지만, '기도'라는 뜻(기도실)도 포함된 것으로 해석된다. 오른쪽에는 연금로와 증류기 등의 실천적인 장치가 있고, 왼쪽에서는 휘장이 둘러쳐진 공간 아래에서 연금술사=수도사가 기도를 올리고 있다. 수도사 앞의 책상에는 네 종류의 현악기가 있어서 연금술과 음악의 관계를 보여준다.

미사에 빼놓을 수 없는 포도주와 빵도 수도원 내에서 제조했으며, 양조주 기술에서 한 걸음 더 나아가 증류주까지 생산하게 되었다. 병을 치료하는 것도 수도원의 중요한 역할이라 의학과 약학에 정통한 수도사도 배출하게 되었다. 이러한 흐름 속에서 연금술은 새로운 자연철학 중 하나로서 수도원에서 연구되었고, 따라서 당연한 귀결이겠지만 연금술은 그리스도교 신앙 구조에 편입될 수 있는 형태로 재해석되었다.

6 ··· 화학파 연금술

연금술에서 화학으로

 17세기 영국에서는 헤르메스 사상에 중점을 둔 플러드, 애슈몰, 본의 장미십자 연금술과 달리 실천적인 조작을 더 중시하는 화학파 연금술이 생겨난다. 후자의 흐름을 대표하는 것이 새뮤얼 하틀립을 중심으로 하는 그룹으로, 지식의 공개를 표방하여 명석하며 합리적인 학문으로 연금술을 자리매김시켰다. 그 그룹에는 로버트 차일드(Robert Child), 케넬름 딕비(Kenelm Digby), 프레데릭 클로디우스(Frederick Clodius), 조지 스타키(George Starkey), 로버트 보일 등이 속해 있었다. 모든 지식은 하나의 기본적인 원리로 환원된다며 만유지(萬有知)를 주장한 보헤미아 출신의 범지학자 코메니우스(Johann Amos Comenius)가 영국을 방문했을 때 환대한 것도 하틀립 그룹이다.

 연금술의 이론과 실천이라는 면에서 하틀립 그룹이 지도자로서 본보기로 삼은 인물은 벨기에 연금술사 요하네스 밥티스타 반 헬몬트(Johannes Baptista van Helmont)였다. 반 헬몬트는 1579년에 브뤼셀에서 태어났으며, 옛 연금술이 새로운 연금술(화학)로 전환되는 시대를 산 인물 중 하나이다. 유복한 가정 출신이었던 헬몬트는 당시 최고 수준의 교육을 받은 후 1599년에 의학 박사가 되었다. 그 후 6년에 걸쳐 진정한 지식을 찾기 위해 프랑스, 영국, 스위스, 이탈리아 등의 유럽 각지를 두루 돌아다녔다. 청년 시절 헬몬트는 의학적인 측면에서는 파라셀수스를 따랐으며, 1621년에는 『상처를 치유하는 자기에 대하여』를 출판했다. 무기에 타격을 입어 상처가 생겼을 때 상처가 아니라 무기에 약을 바름으로써 상처를 치료할 수 있다는 치료법, 즉 무기 연고 치료법에 관해 써놓은 책이다. 반 헬몬트는 이 자기 치료가 마법이라고 인정하지 않았지만, 이단 심문소에 고발되어 한때 체포된다. 만년에는 차츰 파라셀수스에게서 멀어져, 관찰과 실험에 바탕을 둔 사실에 입각한 독자적인 의학을 추구했다.

반 헬몬트의 화학상 업적으로 유명한 것은 '가스'라는 개념을 도입한 것이다.

요하네스 밥티스타 반 헬몬트: 파라셀수스파의 스승인 요하네스 밥티스타 반 헬몬트는 스타키와 보일에게 많은 영향을 주어 연금술이 근대 화학으로 바뀌는 데 기여했다.

반 헬몬트 부자: 요하네스 밥티스타 반 헬몬트(앞)의 아들 프란시스쿠스 메르쿠리우스 반 헬몬트(Franciscus Mercurius van Helmont, 뒤)는 케임브리지의 플라토니스트 헨리 모어(Henry More)의 소개로 앤 콘웨이(Anne Conway) 자작 부인의 주치의가 되어 영국 연금술사들과 깊은 교류를 했다.

그리스어 '카오스(혼돈)'가 가스의 어원인 것을 통해서도 알 수 있듯이, 이 말에는 단순히 기체뿐 아니라 물질성과 영성이 혼재된 연금술적인 의미가 담겨 있었다. 1644년에 반 헬몬트는 아들 프란시스쿠스 메르쿠리우스에게 자신의 저서를 정리하여 출판하라는 유언을 남기고 사망(아들은 메르쿠리우스(!)라는 세례명을 받았다)했는데, 1648년에 출판된 『의학의 기원』은 유럽 각국의 언어로 번역되어 의화학의 기본 문헌이 된다.

스타키와 보일

하틀립 그룹 멤버 중 한 명인 조지 스타키는 스코틀랜드인 목사의 아들로 1628년에 영국령 버뮤다섬에서 태어났다. 설립된 지 얼마 되지 않은 하버드대학에 1643년에 들어가 1646년에 학사 학위, 1649년에 석사 학위를 취득했으며, 재학 중일 때부터 연금술에 열중하여 소위 현자의 돌을 만들어내기 위해 실험했다. 이 무렵에 마찬가지로 연금술에 관심이 많으며 연금술 컬렉션으로도 유명한 존 윈스럽 2세(John Winthrop the Younger)와 친구가 되어 그 영향으로 연금술에 푹 빠진다. 스타키는 의학을 공부하고 있었기 때문에 의화학파, 특히 반 헬몬트의 저서에 관심이 많았다.

　스타키는 신대륙에서는 연금술 실험을 계속하기 어렵다고 비판하고, 1650년에 런던으로 건너가 하틀립 그룹에 들어간다. 여기서 스타키는 의사로서 로버트 보일의 질환을 치료했을 뿐 아니라 반 헬몬트 연금술을 보일에게 가르쳤다. 1651년 무렵부터 스타키는 뉴잉글랜드 출신의 수수께끼 연금술사 에이레나에우스 필랄레테스(Eirenaeus Philalethes, '온화한 마음을 지닌 진리를 사랑하는 자'라는 뜻)에 대해 이야기하기 시작하는데, 실제로는 스타키가 연금술 서적을 출간할 때 사용한 필명이다. 스타키는 연금술 실험에 막대한 투자를 했기 때문에 빚에 허덕이게 되었고 한때 투옥되기도 했지만, 보일의 도움으로 석방되었다. 1665년 영국이 페스트로 뒤덮였을 때 왕립의사협회 의사들은 런던을 떠나 달아났음에도 불구하고 그는 영국에 머물며 치료에 전념했지만, 그 때문에 본인은 병에 걸려 목숨을 잃었다.

　스타키에게 연금술 지도를 받은 보일은 1627년에 영국에서도 유수의 부유한 귀족 집안에서 태어났다. 영국 귀족 자제는 교육을 다 받으면 마지막으로 가정교사와 함께 유럽을 순례하는 그랜드 투어를 하는 것이 관례인데, 보일은 1638년에 형과 함께 그랜드 투어를 했다. 보일은 프랑스, 스위스, 이탈리아 등을 둘러본 후 1644년에 귀국하여 아버지에게 상속받은 도싯주 스탈브리지 영지에 거처를 마련했다. 1655년에 옥스퍼드로 거처를 옮기고, 워드햄대학의 학장 존 윌킨스를 중심으로 하는 과학자들과 친분을 쌓았는데, 그중에 존 로크(John Locke)와 크리스토퍼 렌도 있었다. 보일이 '보이지 않는 대학(Invisible College)'이라고 이름 붙인 사적인 학자 그룹이 이윽고 1660년에 왕립협회로 발전하여 그는 창립 멤버가 된다.

보일이라고 하면 온도가 일정하면 기체의 압력과 부피는 반비례한다는 '보일의 법칙'이 무엇보다 유명하다. 기체 관련 연구를 하려면 공기 펌프라는 기구를 발명하는 것이 중요한데, 보일은 1659년에 실험 조수 로버트 훅의 도움으로 진공 펌프를 제작했다. 1668년에는 옥

로버트 보일: '보일의 법칙'으로 유명한 화학자 겸 물리학자. 『회의적인 화학자』(1661년)의 출판으로 종래의 아리스토텔레스와 파라셀수스에 바탕을 둔 연금술 이론을 일소시켰다. 그러나 다른 한편으로 보일은 평생 금속 변성 가능성을 믿었다.

스퍼드에서 런던으로 가서 누나 라넬라 자작 부인 캐서린의 저택에서 생을 마감하는 1691년까지 산다. 이 팰맬 저택(현재의 애드미럴티 아치 근처)에는 보일 전용 실험실에 마련되어 있었으며, 고용된 조수도 여러 명이 있었다.

캐서린은 보기 드문 미모와 지성을 갖춘 여성으로 알려져, 새뮤얼 하틀립, 존 듀리(John Dury), 존 밀턴 등과 교우했다. 그녀의 아들 리처드 존스(Richard Jones)의 가정교사를 했던 사람이 브레멘 출신 헨리 올덴부르크(Henry Oldenburg)이다. 올덴부르크는 보일뿐 아니라 왕립협회 창립 멤버인 밀턴, 크리스티안 하위헌스(Christiaan Huygens), 피에르 가상디, 바뤼흐 스피노자(Baruch de Spinoza) 등과 친분이 있었으며, 왕립협회 사무국장으로서 당시 유럽 지적 네트워크의 중심에 있었던 인물이다.

보일은 1661년에 『회의적인 화학자』를 출판하여 실험과 정밀 분석을 중시하는 근대 화학의 토대를 마련했다. 보일은 실험을 통해 증명할 수 없다는 이유로 아리스토텔레스의 4대 원소설과 파라셀수스의 3원질론을 일소해버렸다. 종래의 이

라넬라 자작 부인 캐서린: 보일보다 열두 살이 많은 누나 캐서린은 하틀립, 밀턴, 올덴부르크 등의 지식인들과 교류했다. 런던 저택에 연금술 실험실이 마련되어 있어서 보일도 그곳에서 실험했다.

론을 대신하여 등장한 것이 세계는 미세한 화학 입자로 이루어졌다는 입자론이다. 그런데 흥미롭게도 근대 화학의 아버지라고 불리는 보일은 연금술의 목적을 저버리지 않고 평생토록 금속 변성 가능성을 믿었다. 스타키와 공동으로 한 연구를 통해 보일은 현자의 돌에 필요한 현자의 수은을 생성해냈다고 믿었을 뿐 아니라 실제로 금속 변성을 여러 차례 목격했다고 주장하기까지 했다.

연금술사 뉴턴

뉴턴은 1660년대에 보일의 영향을 받아 연금술 관련 문헌을 읽기 시작했으며, 리처드 웨스트폴(Richard S. Westfall)에 따르면 1669년에는 런던에 나갔을 때 연금술서와 함께 "화로 두 개, 유리 기구, 그리고 화학 약품"(『뉴턴』)을 구입했다고 한다.

트리니티칼리지 예배당 옆에 마련된 개인 실험실에는 뉴턴이 직접 만든 연금로가 있었으며, 웬만해서는 다른 사람은 들어오지 못하게 하고 이곳에서 실험에 몰두했다. 고향 그랜섬에서 데려온 필기 조수 험프리 뉴턴(Humphrey Newton)에 따르면 화로의 불은 몇 주 동안이나 꺼지지 않았고 새벽까지 실험하기도 했다고 한다. 20년 넘게 계속된 뉴턴의 연금술 실험은 물리학과 수학 연구 사이에 짬짬이 이루어진 심심풀이가 아니라 자연과학의 근거를 되묻는 기초 연구로서의 의미를 띠었다. 전설적인 헤르메스 트리스메기스투스,

중세 연금술사인 니콜라 플라멜, 조지 리플리, 센디보기우스, 마이어, 에이레나에우스 필랄레테스, 애슈몰 등 당시 입수 가능한 대부분의 연금술 문헌을 섭렵한 뉴턴은 작은 글자로 정확하게 베껴 쓰고, 주석을 다는 등 본인의 화학 실험 기록과 함께 100만 단어에 달하는 원고를 남겼다. 에이레나에우스 필랄레테스가 조지 스타키의 별명인 것처럼, 뉴턴도 '여호와 상투스 우누스(Jehovah Sanctus Unus, 신성하며 하나인 신)'라는 연금술사 이름을 가지고 있었다.

뉴턴은 1687년에 기념비적인 저서 『자연철학의 수학적 원리(프린키피아)』를 간행하여 근대 자연과학의 기계론 철학을 집대성했다. 뉴턴이 연금술 연구에 온 힘을 다해 몰두한 배경에는 르네 데카르트(René Descartes)와 피에르 가상디 등의 기계론 철학을 경계하는 마음이 있었다. 자연계 현상을 기계적인 인과 관계로 설명할 수 있으면 종래의 목적론적인 사고방식을 피할 수 있다는 발상은, 보일을 비롯한 많은 영국 학자들을 푹 빠져들게 했다. 하지만 뉴턴은 기계론 철학이 유물론과 결합하여 결과적으로 무신론으로 나아가지 않을까 하는 강렬한 불안을 느꼈

광학 실험을 하는 뉴턴: 뉴턴의 광학 연구는 광선의 굴절과 반사 등의 물리 현상뿐 아니라 빛의 본체로서의 능동적인 원리를 탐구하는 연금술적인 동기가 밑바탕에 깔려 있었다.

뉴턴의 실험실: 뉴턴의 연금술 실험은 케임브리지대학 트리니티칼리지의 정면 현관 옆에 있는 기숙사에 들어갔을 무렵에 시작되었다. 왼쪽은 중앙 현관, 오른쪽은 예배당이다. 뉴턴의 실험실은 그 중간, 정원과 면한 곳에 있었다.

다. 뉴턴은 자연계 현상을 움직이는 능동적인 원리를 생명 원리에서 찾고자 했고, 그 수단으로 연금술을 선택한 것이었다. 그러한 의미에서 뉴턴이 연금술을 연구한 목적은 비금속을 금으로 변성시키기 위해서라기보다 오히려 신학 연구에 가깝다고 할 수 있다. 돕스(B. J. T. Dobbs)에 따르면 뉴턴은 "세계에서 신이 활동하는 증거를 자신의 연금술과 신학 연구 속에서 찾아내려고 한 것"(『연금술사 뉴턴』)이다.

17세기 말에 이르면 연금술의 실천적인 측면은 자연과학의 일부인 광학에 길을 양보하기 시작한다. 과학자는 연금술사를 그만두고, 스스로를 화학자로 차별화하기 시작했다. 연금술의 근거가 되었던 4대 원소설과 유황=수은 이론의 효력이 다하여 연금술이 과거의 유산이 된 것이다. 18세기가 되면 요한 베허(Johann Joachim Becher)와 게오르크 슈탈(Georg Ernst Stahl)이 주장한 플로지스턴설이 유행한다. 이는 연소(燃燒)는 연소(燃素)라는 물질이 방출되어 일어나는 현상이라는 설이다. 그리고 1789년 프랑스 혁명을 전후하여 등장한 앙투안 로랑 라부아지에(Antoine Laurent Lavoisier)가 연소는 물질이 산소라는 '원소'와 결합하는 현상임을 입증한다. 그리고 1808년에 존 돌턴(John Dalton)이 원자설을 주장하여 '원소'라는 개념을 확립하고 근대 화학 발전의 기초를 다진다.

플랑드르의 연금술사

피터르 브뤼헐 1세의 「연금술사」(1558년)는 연금술에 관심이 있는 사람이라면 누구나 어딘가에서 본 적이 있는 작품일 것이다. 브뤼헐은 플랑드르(현재의 벨기에 서부)의 농민과 아이들의 풍속을 맑은 눈으로 표현하려고 했으며, 특히 그림의 주제와 관련된 것을 모두 세밀하게 그려 넣는 것으로 유명하다. 인간의 오만함과 어리석음을 강조하기는 하나, 그 실상을 유머와 따뜻함을 가지고 지켜보는 경우가 많다.

「연금술사」에서는 16세기 연금술사의 모습을 황금 변성의 꿈을 좇으며 비참한 삶을 사는 가련한 직공으로 표현했다. 장소는 연금술 기구가 여기저기

연금술사: 피터르 브뤼헐 1세(Pieter Bruegel the Elder)는 「연금술사」(1558년)에서 연금술사를 황금 변성의 꿈을 추구하며 비참한 삶을 사는 가련한 직공으로 표현했다. 장소는 연금술 기구가 여기저기 흩어져 있는 실험실이고, 화면 왼쪽에서는 연금술사가 도가니로 가열과 증류 작업을 하고 있다. 창문 아래에는 여러 권의 책을 펴보고 있는 학자 같은 인물이 있는데, 연금술이 헛수고로 끝날 것임을 나타낸다.

Column 6

연금술사: 왼쪽 페이지 그림을 다른 각도에서 본 것으로, 연금술사가 마지막 코인(금 변성 재료)을 도가니에 넣으려 하고 있다. 찢어진 궁상스러운 복색 등을 통해 삶이 극한 상태에 있음을 알 수 있다.

흩어져 있는 실험실이고, 화면 왼쪽에서는 연금술사가 도가니로 가열과 증류 작업을 하고 있다. 너저분한 실내 상황은 연금술사의 혼란스러운 정신 상태를 잘 나타내준다. 중앙에서 빈 곡식 포대를 열고 있는 사람은 연금술사의 아내이고, 그 옆에서는 연금술사의 조수가 풀무(송풍기)로 불을 피우고 있다. 뒤에서는 배고픈 아이들이 선반을 뒤져보았지만 아무것도 없어서 빈 요리용 냄비를 머리에 쓰고 천진난만하게 놀고 있다. 가난한 복색을 통해서도 분명하게 알 수 있듯이 그들에게는 냉혹한 미래가 기다리고 있다. 오른쪽 위의 창문 밖으로는 연금술에 전 재산을 쏟아부은 결과, 모든 것을 잃고 구빈원에 도움을 구하는 연금술사와 그의 가족이 보인다. 창문 밑에는 여러 권의 책 앞에 서 있는 학자 같은 인물이 있고, 왼손으로 책을 가리키고 있

실험실의 연금술사: 브뤼헐과 마찬가지로 17세기 플랑드르의 연금술사를 그린 다비트 테니르스 2세의 작품(1648년)이다. 테니르스는 평온한 빛이 감도는 실험실에서 작업하는 근면하며 성실한 연금술사를 주제로, 작품을 적어도 200점 이상 그렸다. 천장에 매달려 있는 '물고기'에는 '신중하게 연금 작업을 하자'라는 경고의 의미가 담겨 있다.

다. 비교적 큰 글씨로 'ALGHEMIST'라고 적혀 있는데, 이 네덜란드어 단어에는 '연금술사'와 '모든 것을 안개처럼 허무하게 잃는다'라는 두 가지 의미가 담겨 있다.

플랑드르의 화가 다비트 테니르스 2세(David Teniers the Younger)는 심정적으로는 연금술사를 향한 애정이 흘러넘치는 작품을 그렸다. 1610년에 안트베르펜에서 태어난 테니르스는 아버지도 화가이며, 브뤼헐의 손녀 안나와 결혼했다. 1651년에는 브뤼셀에 정착했으며, 농민과 서민의 일상을 주제로 2,000점이 넘는 풍속화를 남겼다. 또 연금술사를 주제로 하는 작품도 최소 200점 넘게 그렸을 정도로(350점이 넘는다는 설도 있다) 역사상 연금술사와 가장 관련 깊은 화가이다. 단순히 연금술에 대한 애착이 있었다기보다 시민들에게 작품을 구입하려는 욕망과 여유가 그만큼 있었다고 하겠다. 17세기

Column 6

작업 중인 연금술사: 작업 중인 연금술사를 두 눈으로 직접 보며 재빨리 그린 현장감 넘치는 스케치로, 17세기 연금술사의 실상에 가장 가까운 그림이다. 작가는 다비트 테니르스 2세로 추정된다(『암빅스』 13:3, 1966년).

전반에 네덜란드는 동인도회사를 설립하여 아시아 무역(향신료 무역)을 독점했고, 암스테르담은 세계 상업과 금융의 중심지로서 번성기를 맞이했다. 암스테르담과 어깨를 나란히 할 정도로 번성한 브뤼셀에서도 시민들이 시대의 최첨단 문화와 예술을 향유했는데, 테니르스의 화가 활동도 그러한 역사적인 배경을 빼고 생각할 수 없다. 테니르스의 「연금술사」는 작업 중인 연금술사를 현장에서 직접 관찰한 것을 바탕으로 하고 있어서 실제 연금술사의 모습을 그대로 전하려는 의지가 느껴진다. 도판에는 '물고기' 등의 박제가 천장에 매달려 있는 그림이 많다. '신중하게 연금 작업을 하자'라는 경고의 의미로 해석할 수도 있지만, 현재로서는 정설은 없다. 물고기의 상징에 대해서는 본서 마지막의 「밀의의 손」에서 다시 한번 다루는데, 종교적인 의미로 해석할 수도 있다.

제 3 장

연금술의 이론과 실천

1···헤르메스 트리스메기스투스의 「에메랄드 서판」

연금술의 정수

유럽 연금술의 창시자는 헤르메스 트리스메기스투스('세 배로 위대한 헤르메스'라는 뜻)로, 사람들은 그가 고대 이집트에 살았던 실존 인물이라고 믿었다. 연금술은 '헤르메스술'이라는 명칭으로도 불리는 것처럼 헤르메스 트리스메기스투스가 창시한 체계로 여겨졌다. 이집트의 신 토트 혹은 그리스 신화의 헤르메스와 관련 지으며, 로마 신화에서는 메르쿠리우스라고 한다.

헤르메스 트리스메기스투스의 이름으로 퍼진『헤르메스 선집』이 역사의 표면에 등장한 것은 1463년에 마르실리오 피치노가『헤르메스 선집』라틴어역을 완성하여 8년 후인 1471년에 간행했을 때이다.『헤르메스 선집』은 인간의 신성과 물질성을 전제로 하면서 최종적으로 인간이 신성에까지 이를 수 있다고 주장하여 르네상스 마법이 생겨나는 원동력이 된다. 하지만『헤르메스 선집』에는 연금술에 관한 내용이 거의 없다. 모든 연금술 문헌 중에서 가장 권위 있는 문헌은「에메랄드 서판」이다.

전설에 따르면「에메랄드 서판」은 동굴에 묻힌 헤르메스 트리스메기스투스의 시체가 손에 쥐고 있었다고 한다. 누가 발견했는가에 관해서는 알렉산드로스 대왕, 아브라함의 아내 사라, 또는 티아나의 아폴로니우스(Apollonius) 등의 여러 설이 있다. 「에메랄드 서판」은 오랫동안 라틴어판만 그 존재가 알려져 있어서 그에 선행하는 서판은 없다고 믿었다. 아라비아 연금술사 자비르 이븐 하이얀이 쓴 책에 「에메랄드 서판」의 아라비아어 텍스트가 실려 있다는 사실이 밝혀진 것은 1923년이다.

「에메랄드 서판」은 괜히 유명한 것이 아니다. 이 짧은 문서에 연금술의 정수가 응축돼 있다. 여러 가지 방식으로 해석하려는 시도가 이루어지고 있는데, 여기에서는 「에메랄드 서판」의 본문(굵은 서체)과 함께 참고가 되도록 1680년대에 뉴턴이 단 주석을 병기했다.

"**이것은 거짓이 없으며, 확실하게, 진실이다.**
이하의 글은 그야말로 진실이다.
아래의 것은 위

헤르메스 트리스메기스투스는 아라비아풍 터번을 머리에 두르고 그 위에 왕관을 쓰고 있다. 오른손 검지로는 위쪽의 별을 가리키고 왼손으로는 땅을 가리키며 위의 것과 아래의 것의 일치를 설하고 있다. 15세기 제작.

제3장 연금술의 이론과 실천 107

미하엘 마이어의 『황금 테이블의 상징』(1617년): 헤르메스 트리스메기스투스가 오른손으로 혼천의를 들고 있다. 현자의 돌을 만들어내려면 태양과 달(유황과 수은, 남성과 여성)을 신비로운 불로 일체화해야 함을 나타낸다.

의 것과 비슷하고, 위의 것은 아래의 것과 비슷하며, 그리하여 하나인 것의 기적을 행한다.

하위의 것과 상위의 것, 고정된 것과 휘발성이 있는 것, 유황과 수은은 같은 성질을 가지고 있으며, 남성과 여성처럼 하나인 것이다. 양자는 서로 소화와 성숙 정도만 다르다. 유황은 성숙한 수은이고, 수은은 미성숙한 유황이다. 이러한 친밀성으로 말미암아 양자는 남성과 여성처럼 결합하고 서로에게 작용한다. 이 작용을 통해 서로 변화하고, 나아가 고귀한 아이를 낳고, 하나인 것의 기적을 행한다.

모든 것은 하나인 것의 중개로 만들어진 것처럼, 모든 것은 이 하나인 것으로부터 적응에 의해 만들어진다.

이 도판에서도 헤르메스 트리스메기스투스가 혼천의를 오른손에 들고 있다. 투구, 검, 활 등의 무기도 그려져 있다. 왼손 근처에 카두케우스가 있다. 17세기 제작.

　모든 것이 유일신의 창조하려는 뜻에 의해 혼돈으로부터 창조된 것처럼, 우리의 술법에 있어서는 모든 것, 즉 4대 원소는 하나인 것, 즉 우리의 혼돈으로부터 조물주의 창의와 사물의 정교한 적응에 의해 생겨났다.
　하나인 것의 아버지는 태양, 어머니는 달이다. 바람은 그것을 태내에 깃들게 하며, 땅은 유모이다. 세상의 모든 것을 완성하는 아버지가 여기에 있다. 그것이 땅으로 바뀔 때 그 힘은 완전해진다.

　이 생성은 인간의 그것과 비슷하며, 아버지와 어머니, 즉 태양과 달에 의한다. 자식은 아버지와 어머니의 결합으로 잉태되고, 탄생할 때까지 바람의 태내에 머문다. 탄생 후에는 푸른 대지의 가슴으로 길러지고 성장한다. 바람은 태양과 달의 목욕탕, 메르쿠리우스, 드래곤, 작업 진행 역할자로서 제3의 지위에 있는 불이다. 땅은 유모이고, 씻겨져 정화된 라토나이다. 이집트인은 그녀를 디아나와 아폴론의 유모, 즉 하얀 연금 염액과 붉은 연금 염액으로 보았다. 이는 전 세계의 모든 완성의 원천이다. 이 힘과 효력은 우려냄에 의한 적화, 증식, 발효에 의해 고정된 땅으로 바뀌면 완벽한 것, 완전한 것이 된다.

　불에서 땅을, 거친 것에서 정묘한 것을 정밀하게 분리해내라. 그것은 땅에서 천공으로 상승했다가 다시 땅으로 하강하며, 상위의 것과 하위의 것 양쪽의 힘을 받아들인다.

　이리하여 먼저 4대 원소를 부드럽게, 서두르지 말고, 천천히 분리하여 정화하고, 모든 물질적인 것을 승화에 의해 하늘로 상승시키고, 승화를 반복하여 땅으로 하강시켜야 한다. 이 방법에 의해 그것은 정기의 관통하는 힘과 신체의 고정된 힘을 획득한다.

　이리하여 그대는 전 세계의 영광을 얻고, 불확실한 것은 사라질 것이다.

　이리하여 그대는 전 세계의 영광을 얻고, 모든 불명료함과 궁핍과 비애는 달아날 것이다.

그 힘은 모든 정묘한 것을 초월하여 모든 고정된 것을 관통하기 때문에 모든 힘을 이긴다.

이것은 용해된 것과 응고된 것을 통해 하늘로 상승하고 땅으로 하강할 때 모든 것 중에서 가장 강한 것이 된다. 그것은 모든 정묘한 것을 붙들어 응고시키고, 모든 고정된 것을 관통하여 물들이기 때문이다.

이리하여 세계는 만들어졌다.

이리하여 어두운 혼돈에서 빛이 생겨나고 땅에서 공기층과 물이 분리되어 세계의 창조가 이루어진 것처럼, 우리 작업은 어두운 혼돈과 제1질료에서 시작되어 4대 원소의 분리와 물질의 영적 조명으로 나아간다.

이리하여 놀랄 만한 적응이 생겨나는데, 그 과정이 여기에 나와 있다.

이리하여 우리의 작업에 있어서 놀랄 만한 적응과 편성이 생겨난다. 그 모습은 세계의 창조에 있어서 개요가 드러나 있다.

그런 고로 나는 전 세계 철학의 세 영역에 정통한 헤르메스 트리스메기스투스라고 불린다.

이 술법 덕분에 메르쿠리우스는 전 세계 철학의 세 부분을 지닌 세 배로 위대한 자라고 불린다. 그는 '철학자의 메르쿠리우스(현자의 수은)'를 의미하고, 세 가지 최강의 원질로 이루어진 육체·혼·령을 지녔으며, 광물·식물·동물이고, 광물계·식물계·동물계를 지배하고 있기 때문이다.

태양의 작업에 관하여 내가 할 말은 이것이 전부다."

바위산에 새겨진 「에메랄드 서판」: 쿤라트의 『영원한 지혜의 원형극장』(1602년). 「에메랄드 서판」의 라틴어판과 독일어판이 바위산 앞면에 새겨져 있으며, "자연과 그 본성을 이해하고 신을 인식하다"라는 「포이만드레스(Poimandres)」(『헤르메스 선집』)의 모두에 나오는 문장이 병기되어 있다.

'하나인 것'이란 무엇인가

이 글을 읽고 바로 알 수 있는 것은 금 변성에 관해 직접적으로는 아무 말도 하지 않았다는 점이다. 일관되게 강조한 것은 만물의 근원인 '하나인 것'의 변화이다. 이 '하나인 것'이란 무엇인가에 대해 가장 명쾌하게 설명한 사람은 셔우드 테일러(F. Sherwood Taylor)이다. 그는 『연금술사』에서 "실천적인 자연철학이란 이른바 연금술사와 헤르메스주의자들이 인간과 금속의 양쪽에 들어 있다고 믿는 정기(精氣, 스피리투스, spiritus) 혹은 프네우마라는 실체를 대상으로 하는 화학이다. 프네우마 또는 정기는 천공계와 지상계의 중간에 존재하는 것으로, 어느 시대에나 연금술의 본질적인 소재이다"라고 했으며, 「에메랄드 서판」에 나오는 '하나인 것'을 프네우마로 보았다.

유럽 연금술은 이른 시기에 금 변성을 지향하는 기술에서 프네우마를 화학적인 조작으로 고정하는 작업으로 전환되었다. 프네우마는 '생명의 숨결'이라는 뜻의 그리스어 단어로, 라틴어로는 스피리투스라고 번역되었는데, 양쪽 모두 인간과 금속뿐 아니라 우주(세계)의 생명 원리로 이해되었다. 프네우마는 호흡을 통해 폐에서 심장으로 운반되어 심신의 활동을 지탱하는 생명의 근원적인 정기로, 본서에서는 '생명 영기'라는 용어를 사용했다. 연금술은 현자의 돌이란 응고된 '생명 영기'라는 것을 전제로 진행되는데, 우주령, 현자의 수은, 제5원소, 에테르 등의 다양한 말로 표현되지만 동일한 것을 다른 각도에서 표현한 것일 뿐이다.

「에메랄드 서판」의 텍스트에서 문제가 되는 것은 "모든 것은 하나인 것의 중개로 만들어진다"라는 문장의 '중개(mediation)'이다. 이것과는 별도로 '명상(meditation)'이라는 해석도 있지만, 하나인 것에서 만물이 창조된다는 점에서는 같은 의미이다. 신과 인간을 중개하는 그리스도를 '중보자(仲保者, mediator)'라고 부르는 점에도 주목할 필요가 있다.

2···연금술의 상징과 기호

동물 상징

연금술의 목적은 생명 영기를 추출하여 고정하는 것인데, 연금술사들은 이를 표현하는 것의 어려움뿐 아니라 위험성도 잘 알았다. 스승에게서 제자에게로 확실하게 기술이 계승되기 위해서는 구전 이외에도 모종의 형태로 화학적인 조작 내용을 표현해둘 필요가 있었다. 다른 한편으로 연금술은 당시의 첨단 기술이라고 할 수 있는 내용을 포함하고 있고, 막대한 시간과 노동을 투자하여 알아낸 기술이기에 간단하게 외부에 유출시킬 수 없기도 했다. 결과적으로 연금술사들이 선택한 방법은 여러 가지 동물과 식물 등의 상징을 사용하여 생명 영기의 추출 및 고정 방법을 표현하는 것이었다. 연금술에 등장하는 동물과 식물에는 사자, 매, 두꺼비처럼 현실에 존재하는 것도 있지만, 드래곤이나 그리핀처럼 상상의 세계에만 존재하는 것도 있다. 이때 상징은 언어 또는 기호와 마찬가지로 연금술의 비밀이 공공연하게 표현되어 있으나, 그 비밀에 도달하기

날개 달린 드래곤: 미하엘 마이어의 『달아나는 아탈란타』(1618년). 연금술을 대표하는 동물 상징은 드래곤이다. 드래곤은 날개 달린 뱀을 의미하며, 원래는 날개가 있다. 연금술에서는 같은 동물이라도 날개가 있는가 없는가에 따라서 의미가 달라진다. 날개 달린 드래곤은 수은, 여성, 휘발성, 냉, 습을 나타낸다.

날개 없는 드래곤: 날개 있는 드래곤과는 대조적으로 날개 없는 드래곤은 유황, 남성, 불휘발성, 열, 건을 나타낸다. 날개 있는 드래곤과 날개 없는 드래곤은 처음에는 격렬하게 싸우지만, 이윽고 조화의 단계에 도달한다. 17세기 제작.

위해서는 비교(秘敎)에 관한 지식이 필요하다. 게다가 비밀도 기술적인 지식 단계부터 아무도 모르는 비전에 이르기까지 다양한 레벨이 있어서 현자의 돌의 비밀을 알아내는 것은 쉬운 일이 아니다.

드래곤

연금술을 대표하는 상징은 드래곤이다. 드래곤은 어원적으로는 그리스어에서도 히브리어에서도 '뱀'에서 유래한 말이며, 연금술에서는 입으로 불을 뿜는 뱀의 모습으로 그려지는 경우가 많다. 날개 있는 드래곤만 있는 것이 아니라 날개 없는 드래곤도 있다. 날개 있는 드래곤은 수은, 여성, 휘발성, 냉, 습을 나타내고, 날개 없는 드래곤은 유황, 남성, 불휘발성, 열, 건을 나타낸다. 날개 있는 드래곤과 날개 없는 드래곤이 격렬하게 싸우는 상태는 수은과 유황 등이 화학반응을 일으키는 상황을 나타내며, 화학반응이 끝남과 동시에 양자는 통합되어 더욱 높은 차원의 조화로운 단계에 도달한다.

우로보로스

연금술에서 대립과 통합의 과정은 자신의 꼬리를 먹는 뱀, 우로보로스 또는 드래곤으로 표현된다. 만물은 '하나인 것'의 변화로 다양한 형태가 존재하고, 존재하는 것은 사멸한 후 다른 형태로 재생한다. 스스로를 먹음으로써 새로운 자신을 형성해나가는 우로보로스는 능동적인

우로보로스: 프리마 마테리아가 최종 물질로 변하는 것이 자기 꼬리를 먹는 드래곤의 모습으로 표현되어 있다. 드래곤은 작용 원인임과 동시에 변하여 새로운 생성물이 된다. 보통 수은은 변하여 현자의 수은인 메르쿠리우스가 된다.

원리임과 동시에 수동적인 원리이기도 한 신비로운 논리를 표현하며, 이 논리는 보통의 수은이 연금 작업을 통해 능동적인 원리와 수동적인 원리를 모두 지닌 현자의 수은으로 변하는 과정을 표현한 것으로 해석된다. 「리플리 스크롤(Ripley Scroll)」(123~124페이지 참조)에는 자기 꼬리를 먹는 드래곤뿐 아니라 왕의 얼굴을 한 새가 자기 날개를 깨무는 모습도 그려져 있다.

뱀

뱀은 원초적인 생명 또는 본능의 상징이며, 십자가에 걸려 있는

매와 뱀: 뱀이 물질에 내재하는 프리마 마테리아를 나타낸다면 매는 연금술에 의해 추출된 프리마 마테리아의 정기이다. 매와 뱀은 각각 휘발성 수은과 불휘발성 수은을 나타낸다고 해석되기도 한다. 17세기 제작.

뱀은 연금 작업의 최종 단계에서 얻을 수 있는 현자의 돌을 나타내기도 한다. 십자가는 말할 것도 없이 그리스도가 희생된 장소로서 인류의 구원과 속죄를 상징하고, 연금술에서는 영적 세계와 지상 세계가 만나는 지점, 물질의 생성과 사멸, 부패에서 재생으로의 순환의 장을 상징한다.

연금술의 수호신 헤르메스(메르쿠리우스)는 두 마리의 뱀이 얽혀 있는 지팡이 카두케우스를 든 모습으로 표현되는 경우가 있다. 뱀은 그리스 시대부터 의술의 신 아스클레피오스의 화신으로 여겨졌으며, 카두케우스는 치유력의 상징으로 여겨졌다. 두 마리의 뱀은 건강과 병뿐 아니라 연금술에서는 유황과 수은, 남성 원리와 여성 원리, 태양과 달, 빛과 어둠, 상승과 하강, 용해와 응고 등의 대립과 통합을 상징한다.

두꺼비

두꺼비는 연금 작업의 재료임과 동시에 자기 내부에 현자의 수은을 숨기고 있다. 외모는 추악하고, 가열하면 맹독성 땀을 뿜어낸다. 「리플리 스크롤」에서 증류기에 증기처럼 점으로 그려져 있는 것은 두꺼비의 땀(독)이다. 이 독은 두꺼비의 몸속에서 나와 두꺼비 자신을 정화하는 역할을 한다.

사자

사자는 드래곤과 어깨를 나란히 하는 연금술의 위대한 상징물이다. 빨간 사자가 현자의 유황을 나타낸다면 초록 사자는 현자의 수

매와 두꺼비: 미하엘 마이어의 『황금 테이블의 상징』(1617년). 왼쪽에는 『의학전범』의 저자로 유명한 아비센나가 있고, 오른쪽에서는 매가 쇠사슬에 묶인 두꺼비를 공중으로 들어 올리려 하고 있다(휘발성과 불휘발성의 균형을 상징한다).

은을 나타낸다. 초록 사자가 태양을 먹는 모습은 현자의 수은이 태양(금)을 용해하여 현자의 돌로 변용시키는 연금술의 최종 국면을 나타낸다(179페이지 참조). 참고로 사자는 눈을 뜬 채로 자는 신수(神獸)로 여겨져, 오늘날에도 수호신의 의미로 사자상 두 마리를 건물 입구(문)에 배치해놓은 것을 종종 볼 수 있다.

조류

사자와 대립되는 것은 하늘을 나는 매로, 휘발성 수은을 나타낸다. 매가 사자한테 이기는 장면은 연금 작업 과정에서 불휘발성 수은이 휘발성으로 바뀌는 것을 나타낸다. 또 하늘을 나는 매가 상승하는 그림은 휘발성 수은을, 지상을 향해 하강하는 그림은 수은의 응고를 나타내기도 한다. 흑조(까마귀)와 백조는 각각 흑화와 백화를 나타낸다. 공작은 태양의 힘과 함께 불사와 부활을 나타내고, 공작의 등장은 연금 작업의 끝이 가까워졌음을 나타낸다.

매와 뱀과 두꺼비: 엘리아스 애슈몰의 『영국의 화학 극장』(1652년)의 타이틀 페이지에는 연금술의 상징물인 매와 뱀과 두꺼비가 등장한다.

불사조

불사조(피닉스)는 자신의 재에서 재생하는 상상의 새로, 불에 의한 부활의 상징임과 동시에 태양을 상징하는 신조(神鳥)이기도 하다. 양성구유라는 설도 있는데, 이 점은 현자의 수은과 같다. 연금술의 최종 목표인 현자의 돌을 나타내는 상징으로서 그리스도를 나타내기도 한다(188페이지 참조).

날개 있는 사자와 날개 없는 사자: 미하엘 마이어의 『달아나는 아탈란타』(1618년). 사자는 드래곤과 함께 연금술을 대표하는 위대한 상징이다. 사자는 드래곤과 마찬가지로 날개가 있는 경우에는 휘발성 물질을, 날개가 없는 경우에는 불휘발성 물질을 나타낸다.

유니콘

그 밖에 연금술을 상징하는 상상의 동물에는 유니콘(일각수), 그리핀, 바실리스크 등이 있다. 사자와 대립하는 것은 유니콘이며, 같은 화면에 그려져 있는 경우에는 사자가 남성 원리, 유니콘이 여성 원리를 나타낸다. 사슴과 함께 있을 때는 유니콘이 남성 원리, 사슴이 여성 원리를 나타낸다. 그리핀은 머리와 날개는 매, 몸통은 사자의 모습을 한 괴물로, 수은(여성 원리)을 나타내는 경우가 많다. 바실리스크는 머리와 꼬리는 뱀, 몸통은 닭의 모습을 한 괴물로, 연금 영

카두케우스: 날개 달린 헬멧을 쓴 메르쿠리우스가 오른손으로 붉은 액체(연금 영액)를 노인에게 붓고 있다. 노인이 오른손으로 들고 있는 모래시계는 뒤집으면 새로운 시간이 시작된다(회춘). 메르쿠리우스의 왼손에는 두 마리의 뱀이 휘감겨 있는 카두케우스가 들려 있다. 뱀은 그리스 시대부터 의술의 신 아스클레피오스의 화신으로 여겨졌고, 카두케우스는 치유력의 상징으로 여겨져왔다. 17세기 제작.

액 엘릭서를 나타낸다.

「리플리 스크롤」

  수많은 연금술 도상(圖像) 중에서도 16세기 후반에 제작된 「리플리 스크롤」은 독립적인 미술품으로서도 높이 평가할 수 있을 만큼 완성도 높은 걸작이다. 제작자인 영국의 연금술사 조지 리플리는 1490년경에 사망했으므로 연대가 맞지 않는데, 연금술 문헌과 마찬가지로 실제 제작자가 다른 유명한 사람의 이름을 빌려 발표하

는 일은 곧잘 있는 일이었다. 이것은 「스크롤」이라는 명칭을 통해서도 알 수 있듯이 나무 막대에 폭 60cm, 길이 5m가 넘는 양피지 혹은 종이를 둘둘 만 것이다. 현재는 대영도서관, 옥스퍼드대학교 보들리도서관, 케임브리지대학교 피츠윌리엄박물관 등에 남아 있을 뿐이며, 각각 약간의 차이가 있으나 기본적인 주제는 일치한다.

[위쪽] **십자가에 걸려 있는 뱀**: 십자가에 걸려 있는 뱀은 연금 작업의 최종 단계에서 얻을 수 있는 현자의 돌을 나타내기도 한다. 17세기 제작.

[아래쪽] 수염을 기른 노인(헤르메스 트리스메기스투스로 추정)이 연금 용기(플라스크)를 들고 있다. 용기에 든 두꺼비는 연금 작업 재료로, 내부에 현자의 돌을 숨기고 있다. 용기 속에는 여덟 개의 원이 있고, 작은 플라스크가 그려져 있는 일곱 개의 원은 연금 작업 공정을 나타낸다. 일곱 개의 원은 또 중앙의 원에 쇠사슬로 연결되어 있고, 그것을 노인과 조수가 가만히 바라보고 있다. 이 그림은 전체가 흑화를 나타낸다.

[위쪽] 태양 아래에서 왕의 얼굴을 한 매, 즉 '헤르메스의 새'가 자기 날개를 물고 있다. 헤르메스의 새는 수은의 정기를 나타낸다. 날개를 무는 행위는 연금술사가 수은을 제어하는 것을 의미한다. 그 아래에는 깃털 달린 녹색 구(球)가 그려져 있다.

[아래쪽] **양성구유자와 영혼의 분리**: 『현자의 장미원』(1550년)에서 연금 작업은 왕과 왕비의 만남, 혼인, 왕과 왕비의 죽음(흑화), 왕과 왕비의 일체화(백화)의 순서로 진행되며, 나아가 왕과 왕비의 결혼에 의해 완성된다(적화). 오른쪽 그림은 일체화된 왕과 왕비에게서 영혼이 분리되는(상승) 장면이며, 왼쪽 그림은 다시금 결합하는(하강) 장면을 나타낸다.

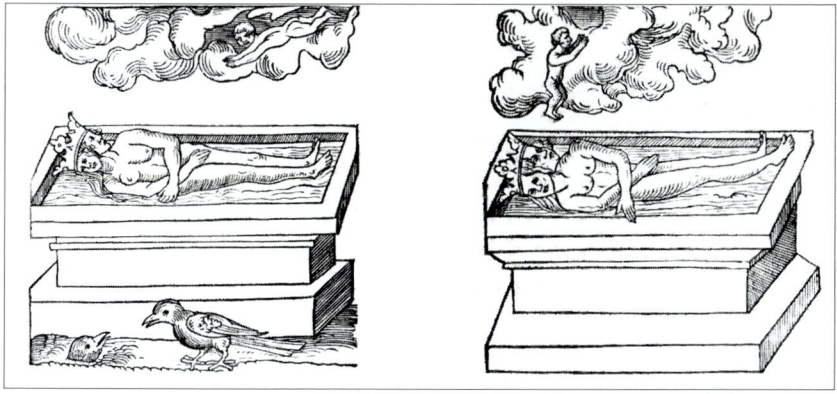

기호 상징

연금술에서는 동물이나 식물의 상징으로 화학적인 조작의 일부를 나타내는 경우가 많은데, 기호로 나타내기도 한다. 일곱 혹성과 일곱 금속, 즉 태양(금☉)·금성(동♀)·화성(철♂)·토성(납♄)·목성(주석♃)·수성(수은☿)·달(은☽), 수은(☿)·유황(🜍)·소금(⊖)의 3원질, 불(△)·공

[위쪽] 위에서부터 순서대로 삼위일체를 내부에 지닌 태양(흑, 백, 노랑의 작은 원으로 구성), 달(흑, 백, 노랑의 반원으로 구성), 자기 꼬리를 입에 문 녹색 드래곤, 녹색 날개가 달린 구가 그려져 있다. 드래곤한테서 피가 흘러나와 아래의 작은 검은 구로 떨어진다. 그 아래에는 지팡이를 든 탁발 수행자(연금술사)가 있다. 이 그림은 전체가 적화 과정을 나타낸다.

[아래쪽] **연금 작업과 양성구유자**: 『현자의 장미원』(1550년). 연금 작업의 최종 단계를 양성구유자의 모습으로 나타냈으며, 사자, 드래곤, 뱀, 태양의 나무 등의 상징 외에 자신의 피로 새끼를 기르는 펠리컨이 그려져 있다.

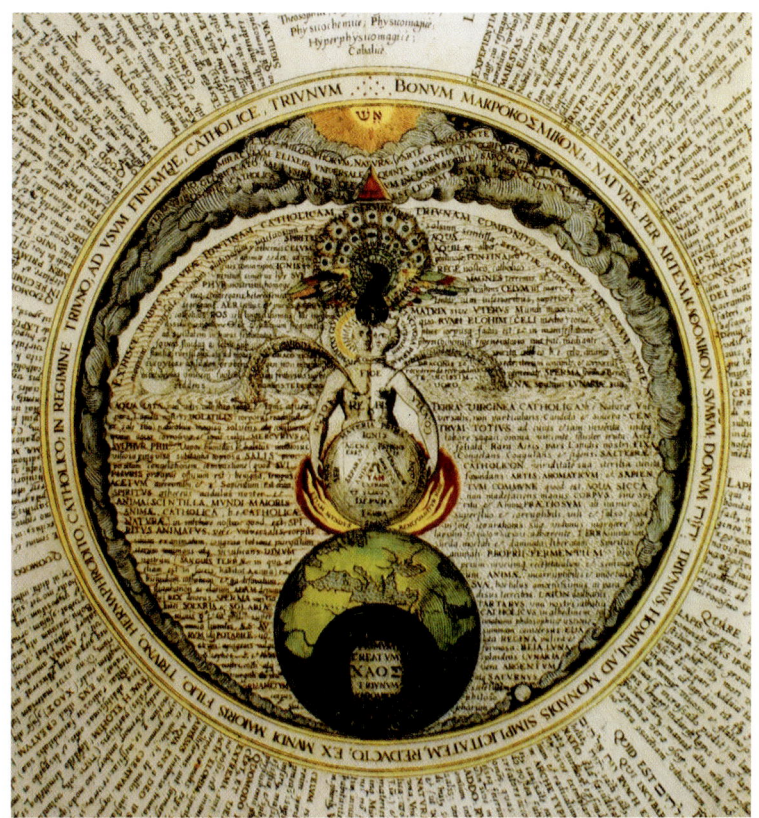

양성구유자: 쿤라트의 『영원한 지혜의 원형극장』(1595년). 하부에 지구와 혼돈(카오스)이 그려져 있어서 연금 작업이 여기에서부터 시작됨을 나타내고 있다. 불의 작용으로 구(내부에 4대 원소와 파라셀수스의 3원질 포함)를 안은 양성구유자가 태어나고, 흑조(黑鳥, 흑화)를 거쳐 공작이 된다. 새의 가슴 부분에 AZOTH(현자의 수은)라고 쓰여 있고, O를 중심으로 '상형문자의 단자'가 새겨져 있다. 공작 위에 붉은 삼각뿔이 있고, 태양의 중앙에 신의 이름이 새겨져 있다. 그 위에는 피타고라스의 테트라크티스(tetraktys, 1, 2, 3, 4가 순서대로 점으로 표시되어 있다)가 있다.

두 명의 메리쿠리우스: 미하엘 마이어의 『달아나는 아탈란타』(1618년). 두 명의 메리쿠리우스가 있는 것처럼 두 종류의 수은이 있다. 보통 수은이 연금 작업에 의해 현자의 수은으로 바뀐다.

기(△)·물(▽)·땅(▽)의 4대 원소를 비롯한 다양한 물질을 기호화했다(예를 들어 137, 172페이지의 도판 등을 참조). 특정 기호가 구체적인 물질에 대응하는 경우에는 연금술사에 따라서 상정하는 물질이 어느 정도 다를 수 있지만, 이는 큰 문제가 되지 않는다. 문제는 구체적인 물질이 상상력의 세계에만 존재하는 경우이다. 물리학 공식은 그것이 설령 꽤 난해하다고 하더라도 물리학을 배운 자가 순서에 따라 해독해나가면 최종적으로 공통의 의미 내용에 도달한다. 하지만 연금술은 한 가지 해석에 도달하는 구조가 아니라, 자유롭게 해석할 수는 있지만 최종적으로 공통의 의미 내용에 도달하지 못한다. 그러한 점에서 연금술 기호 해석은 최종적인 의미를 확실하게 표현하지 않는 '시(詩)'나 '만다라'의 해석과 흡사하다.

대우주와 소우주의 대응: 밀리어스(Johann Daniel Mylius)의 『의화학논집』(1618년). 중앙에 있는 연금술사는 낮의 별과 밤의 별로 각각 구분되어 염색된 옷을 입고 있다. 그는 사자 위에 올라타 있다. 두 개의 몸통에 하나의 머리가 달리고 입으로는 액체를 토하는 이 사자는 대립의 통합을 나타낸다. 뒤편 언덕에서 자라는 나무에는 혹성과 연금술 기호가 새겨져 있다. 언덕 기슭에는 불(왼쪽)과 물(오른쪽)이 있다. 불이 지배하는 왼쪽에는 낮의 풍경이 펼쳐져 있고, 남성, 태양, 사자, 그리고 불사조가 그려져 있다. 물이 지배하는 오른쪽에는 밤의 풍경이 펼쳐져 있고, 여성, 달, 사슴, 그리고 매가 그려져 있다.

초천공계와 지상계는 수평선에 의해 분리되고, 양자를 횡단하듯이 거대한 태양을 본뜬 원형이 그려져 있다. 위쪽 반원에는 신의 이름(아버지), 아들(어린 양), 성령(비둘기)의 삼위일체와 천사가 있고, 아래쪽 반원에는 까마귀(토성), 백조(목성), 드래곤(화성), 펠리컨(금성), 불사조(수성) 등이 있다. 태양의 중심원에는 황도 12궁, 유황, 수은, 소금의 연금술 기호가 표시되어 있고, 중심에는 현자의 수은이 있다.

유럽 연금술은 점성술과 함께 르네상스 마법의 한 영역을 차지하고 있고, 연금술과 점성술은 불가분의 관계에 있다. 점성술과 연금술은 둘 다 천체와 지상의 대응 관계에 특별한 관심을 기울인다. 천체(천사)가 지상에 영향을 끼칠 뿐 아니라 지상에서도 단순화된 연금술 기호를 통해 천공(천사)에 영향을 끼칠 수 있다고 여겼다.

점성술과 연금술을 통합하는 기호 중에서 가장 유명한 것은 존 디가 고찰한 기호, '상형문자의 단자(monas hieroglyphica)'이다. 상형문자란 사물의 형태를 문자화한 것으로, 고대 이집트에서 사용된 히에로글리프, 즉 신성문자를 말한다. 단자(모나스[monas] 또는 모나드[monade])

존 디의 『상형문자의 단자』(1564년)의 타이틀 페이지: '상형문자의 단자'를 구성하는 반원, 원, 점, 십자, 연결 반원은 각각 달, 태양, 지구, 월하계(4대 원소), 양자리(불)를 나타낸다. 기호 전체가 알 형태에 에워싸여 있는 것은 현자의 알을 표현한 것이다.

는 「에메랄드 서판」의 핵심 주제인 '하나인 것'을 말하고, 상형문자의 단자는 우주령 또는 생명 영기에 관한 비밀을 상형문자 기호로 나타낸 것을 말한다.

'상형문자의 단자'를 구성하는 반원, 원, 십자, 연결 반원은 각각 달, 태양, 월하계(4대 원소), 양자리(불)를 나타낸다. 태양은 원과 점, 달은 반원, 금성은 원과 십자(아래쪽), 목성은 십자와 반원(가로축의 왼쪽), 토성은 십자와 반원(세로축의 아래)으로 나타낼 수 있다.

태양 안에 있는 점은 지구를 나타내며, 지구를 중심으로 태양과 달을 비롯하여 혹성들이 회전한다. 또 화성은 현재의 기호가 아니라 원과 화살로 이루어진 기호로 표기되는 것이 보통인데, 초기에는 원과 십자(위쪽) 기호(ㅎ)가 사용되었다. 화성과 금성은 태양을 사이에 두고 대치된 위치

상형문자의 단자: 아타나시우스 키르허(Athanasius Kircher)는 『이집트의 오이디푸스』(1652년)에서 디의 '상형문자의 단자'는 우주 전체의 구조를 명확하게 하는 것이라고 해석했다. 상부에는 황도 12궁, 혹성, 4대 원소와 계층을 이루는 우주, 하부에는 땅, 물, 공기, 불이 상징으로 표현되어 있다.

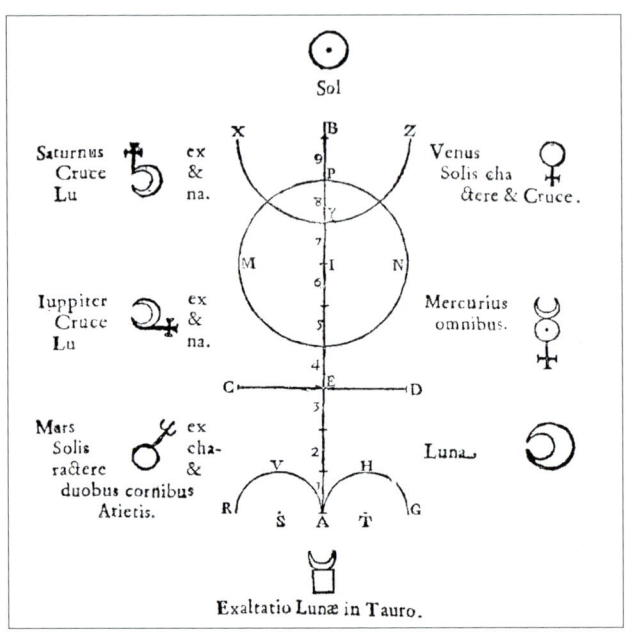

상형문자의 단자: 키르허는 또 왼쪽의 토성, 목성, 화성과 오른쪽의 금성, 수성, 달의 모든 기호가 '상형문자의 단자'에서 파생됨을 도해하여 나타냈다.

에 있기 때문에 십자가 원의 위(화성)에 있는가 아래(금성)에 있는가로 구분되었다. 하지만 헛갈렸기 때문에 차츰 화성 기호는 원과 화살 기호(♂)로 바뀌었고, 원과 십자(위쪽) 기호는 안티몬(♁)을 가리키게 되었다.

일곱 혹성 중에서 가장 중요한 것은 수성 기호로, 위에서부터 반원, 원, 십자로 이루어져 있다. '상형문자의 단자'는 수은 기호에 양자리 기호를 추가한 것으로, 대우주와 소우주의 수수께끼를 푸는 열쇠일 뿐 아니라 실제로 우주령(생명 영기)을 지상으로 끌어내리는 힘이 내부에 든 초자연적인 상징으로 여겨졌다.

'상형문자의 단자'에서 지배적인 혹성은 태양과 달이다. 달은 토성, 목성, 수성과 함께 하나의 그룹을 이루며, 해당 기호는 모두 반원과 십자로 이루어져 있다. 여기서 말하는 수성 기호는 십자 위에 반원(☿)이 있는 기호이다. 달의 성질은 토성, 목성, 달, 수성의 순서로 점점 농밀해지며, 연금 작업에서는 '백화' 작업을 나타낸다. 한편, 태양은 화성, 금성과 함께 다른 하나의 그룹을 이루며, 기호는 원과 십자로 이루어져 있다. 태양의 성질은 화성, 금성, 태양의 순서로 점점 농밀해지며, 연금 작업에서는 '적화'

점성술사: 황도 12궁과 그 의미를 탐구하는 점성술사=수학자의 모습을 보면 존 디의 모습이 이렇지 않았을까 하는 생각이 든다. 수학은 음악, 기하학, 건축학, 천문학(점성술)의 중핵에 해당하는 학문이다.

대우주와 인간: 황도 12궁이 전체를 에워싸고, 그 내부에 일곱 혹성, 중심에 지구가 위치한다. 16세기 제작.

태양 중심의 우주: 코페르니쿠스는 지구가 자전하면서 태양 주위를 돈다는 지동설을 주장했지만, 점성술을 믿었다. 목성에는 위성이 그려져 있고, 바깥 원에는 황도 12궁이 그려져 있다. 16세기 제작.

작업을 나타낸다. 달의 성질과 태양의 성질이 결합하여 일체화되면 전통적인 수성 기호를 바탕으로 하는 '상형문자의 단자' 기호가 되며, 연금술에서는 현자의 수은이라고 부른다.

디는 달과 태양 그룹을 알(타원) 형태로 일괄하여 나타냈다. 알에서 4개 원소가 생겨나는데, '상형문자의 단자'는 거기에서 만물이 탄생하는 프리마 마테리아 또는 현자의 돌 역할도 한다. 연금술과 점성술의 결합은 일곱 혹성이 토성에서부터 나선형으로 상승하여

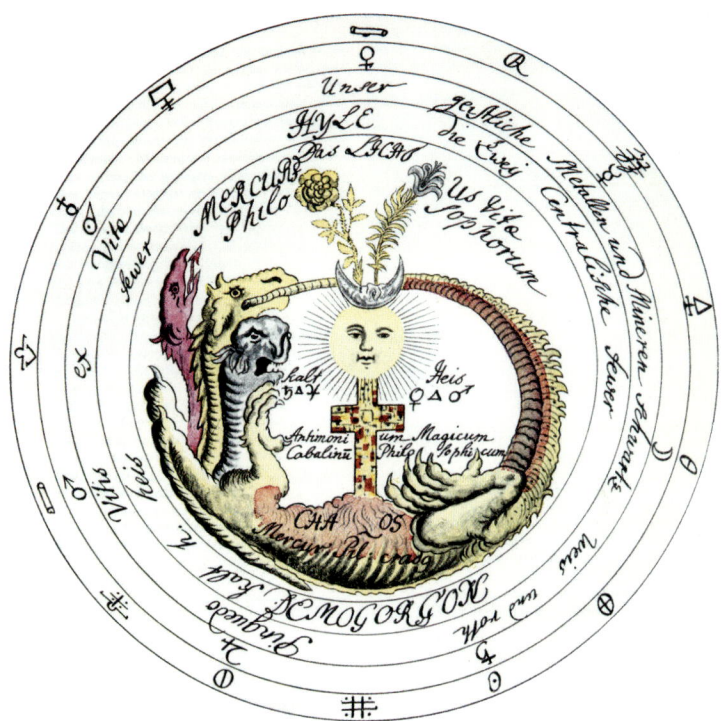

드래곤과 메르쿠리우스: 맨리 파머 홀의 『장미십자 사본』에 수록된 도판이며, 세 개의 머리가 달린 드래곤(혼돈)에게서 현자의 수은이 생겨나는 장면이다. 현자의 수은은 십자 위에 태양과 달이 있고, 거기에서 장미와 백합이 자라난 형태로 표현되어 있다. 자기 꼬리를 먹는 드래곤은 생과 사의 순환을 나타낸다.

태양에 이르는 형태로도 표현된다. 연금 작업에서 불은 빼놓을 수 없는 요소이며, '상형문자의 단자'의 아래쪽에 붙어 있는 연결 반원은 황도 12궁 중에서 불을 상징하는 양자리를 나타낸다. 알 형태는 플라스크를 연상시키는데, 밀봉된 플라스크는 '헤르메스의 알' 혹은 현자의 알이라고 불렸다.

우주란이란 생명이 알에서 발생하여 생장하는 것처럼 우주 전체를 탄생시키는 근원적인 알이 있다는 상정하에 등장한 상징이다.

우주란(宇宙卵)**의 상징**: 미하엘 마이어의 『달아나는 아탈란타』에서는 병사(화성을 상징)가 테이블에 놓인 알을 향해 검을 치켜들고 있다. 검은 내부의 불(화염)로, 왼쪽 화로가 나타내는 외부의 불과 대조된다. 알에서는 휘발성인 새도 불휘발성인 뱀도 태어난다. 밀봉된 플라스크는 '헤르메스의 알' 또는 현자의 알이라고 불린다.

『크리스천 로젠크로이츠의 화학의 결혼』에서는 새가 알에서 부화하여 호먼큘러스가 된다. 살로몬 트리스모신의 『태양의 광채』나 미하엘 마이어의 『달아나는 아탈란타』에도 '알'이 등장한다. 살로몬 트리스모신의 경우에는 양성구유자가 왼손에 현자의 알, 오른손에 알의 구조를 나타내는 방패 같은 것을 들고 있다(30페이지 참조). 미하엘 마이어의 경우에는 병사가 직사각형 테이블 위에 올려진 알을 향해 검을 번쩍 치켜들고 있다. 병사의 수호신은 전쟁의 신 마르스이고, 마르스는 화성과 관련지어진다. 병사가 든 검은 천공계의 신성한 불을 나타내며, 왼쪽에 그려진 화로에서 활활 타오르는 외부의 불과 대비된다. 알에서는 휘발성 속성을 지닌 새도 불휘발성 속성을 지닌 뱀도 태어나므로 만물의 창조의 근원, 즉 프리마 마테리아를 나타낸다.

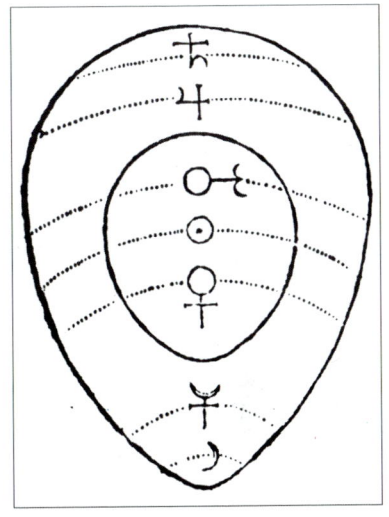

[아래쪽] **우주란의 구조**: 『현자의 무리』에 수록된 우주란. 바깥에서부터 땅(알껍데기), 공기(흰자), 물(흰자), 정묘한 공기(얇은 막), 불(노른자), 제5원소(생명 영기)의 순서로 되어 있다.

[위쪽] **우주란**: 디의 『상형문자의 단자』에 수록된 우주란. 달은 토성, 목성, 수성과 함께 하나의 그룹(흰자에 해당)을 이루고, 태양은 화성, 금성과 함께 다른 하나의 그룹(노른자에 해당)을 이루고 있다. 수성의 기호는 옛 기호로 표시되어 있다.

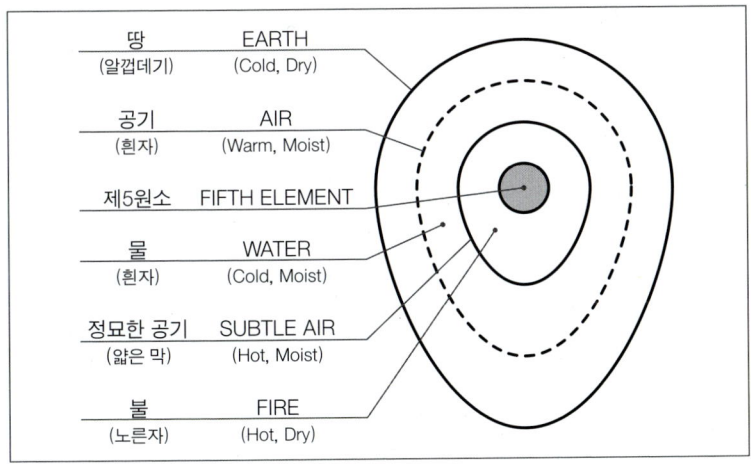

제3장 연금술의 이론과 실천

3···조화를 이루는 우주

천지창조와 연금술

후쿠나가 미쓰지(福永光司)의 『도교와 고대 일본』에 따르면 『고사기』에 나오는 천지창조 묘사는 중국 연금술의 이미지를 배경으로 하며, "대지가 아직 성숙하지 않아 둥둥 떠서 기름처럼 해파리처럼 떠다닐 때 어린 갈대의 싹처럼 움터 오른 것에 의해 생겨난 신"이라는 대목은 "여러 종류의 금속성 광물을 용광로에 가득 채운 물에 넣고 높은 온도의 열을 가하면 기름과 같은 상태"가 되는데 이러한 상태를 묘사한 것이라고 한다. '해파리'는 바다에 사는 연체동물인데, 그와 동시에 연금술에서는 수은을 지칭하는 말이다. 연금술에서 '노란 결정물을 황아(黃牙), 즉 노란 위아(葦牙)'라고 부르므로 '위아'도 연금술과 관련 있는 용어라고 하겠다. 현시점에서는 지극히 한정적인 고대 일본 연금술에 관한 문헌에서 천지창조와 연금술을 연관 짓고 있는 점이 무척 흥미롭게 느껴진다. 일본에서는 그 후 천지창조가 사상사의 중심적인 주제로 발전하지 못했지만, 유럽에서는 천지창조가 신학, 철학, 문학, 예술 등의 분야에서 가장 중요한 주제 중 하나가 된다. 그리고 연금술 또한 예외가 아니었다.

그리스도교화된 유럽 연금술의 특징 중 하나로 연금술 이론의 근거를 『성서』에서 찾으려 한다는 점을 들 수 있다. 특히 「창세기」 앞

부분에 나오는 천지창조에 관한 서술을 연금술적으로 해석할 수 있다는 입장을 취한다. 「창세기」 제1장에서는 신이 천지를 창조한 이레간을 다음과 같이 설명한다. 천지창조 이전에는 "땅은 혼돈 상태였으며, 어둠이 심연의 면에 있고, 신의 영이 물의 면을 움직이고 있었다". 첫째 날, 신의 "빛 있으라"라는 말과 함께 빛이 생겨나 어둠과 빛으로 나누어진다. 둘째 날, 신의 "물속에 넓은 하늘 있으라. 물과 물을 나누라"라는 말과 함께 넓은 하늘 위의 물과 넓은 하늘 아래의 물이 분리된다. 셋째 날, 신은 하늘 아래의 물을 모아 바다를 만든다. 마른 부분은 땅이 되고 거기에서 식물이 움튼다. 넷째 날에는 태양과 달과 별이, 다섯째 날에는 물고기와 새가, 여섯째 날에는 짐승이 창조된다. 여섯째 날에는 신의 모습을 본떠 인간도 만든다.

엿새에 걸친 천지창조로 생겨난 자연에는 신의 뜻이 새겨져 있다. 연금술사는 천지창조 과정을 '무형 물질의 최초 상태'인 제1질료(프리마 마테리아)에서 4대 원소가 분리되는 과정으로 파악했고, 이를 실험실의 자그마한 용기 속에 재현하려고 했다. 천지창조를 재현할 수 있다는 것은 연금술사가 우주의 비밀 일부를 아는 것을 뜻하고, 신과 마찬가지로 스스로 원하는 물질을 재창조할 수 있음을 의미한다.

파라셀수스파 의사 겸 연금술사였던 로버트 플러드는 천지창조는 제1질료로 창조되었다고 보았으며, 이를 『양우주지=대우주지』(1617년)에서 온통 새까만 도판으로 표현했다(조슬린 고드윈의 『교향하는 이콘』). 도판 a는 '거대한 암흑', 즉 신이 창조하기 이전에 존재한 '암

천지창조

출처: 로버트 플러드의 『양우주지=대우주지』

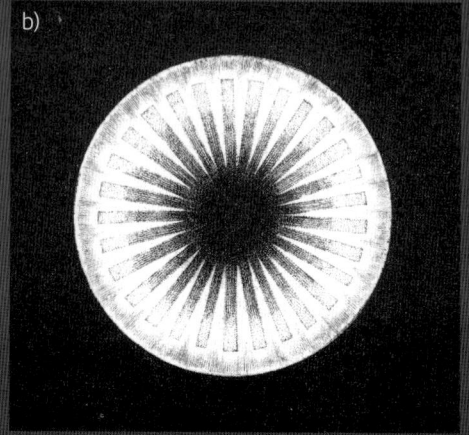

a) **거대한 암흑**: 신이 창조하기 이전에 존재한 '암흑'. 스스로는 창조되지 않고, 스스로 존재할 수 없는 신의 영이다. 연금술적으로 말하면 흑화(니그레도) 단계를 의미한다. 러시아 아방가르드 화가 카지미르 말레비치(Kazimir Severinovich Malevich)의 「검은 사각형」(1915년)을 연상시킨다. 그림 a부터 그림 q까지의 출처는 로버트 플러드의 『양우주지=대우주지』이다.

b) **빛의 창조**: 첫째 날에 창조된 빛으로, 신의 "빛 있으라"라는 '말'과 함께 생겨난다. 신의 말은 '천사의 지혜', 그리고 '인간의 이성'에 반영된다.

c) **물의 분리**: 넓은 하늘 아래의 물과 넓은 하늘 위의 물이 분리된다. '물의 위(주변부의 밝은 부분)'와 '물의 아래(가운데의 수동적인 어두운 구름)'의 중간에 밝은 구름이 나타난다.

d) **땅·물·공기·불**: '4대 원소의 혼돈' 상태로, '아래의 물'이 섞여 덩어리 상태가 된다. 4대 원소, 즉 땅, 물, 공기, 불이 서로 싸운다.

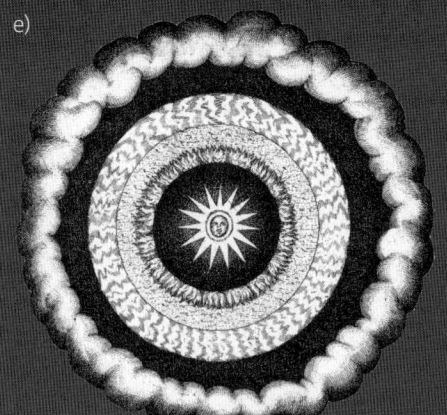 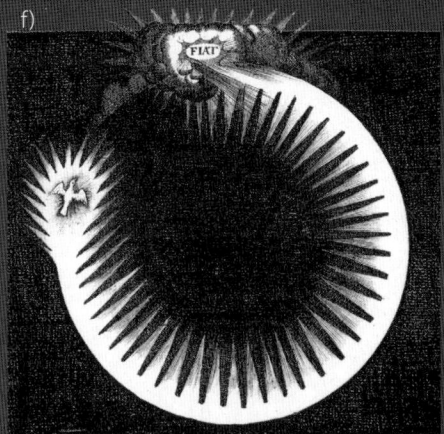

e) **중심의 태양**: 혼돈이 진정되면 4대 원소가 각각의 영역에 땅, 물, 공기, 불의 순서로 자리 잡고 중심에 태양이 생겨난다. 태양이 창조 초반에는 하늘이 아니라 우주의 중심에 있다는 점에 유념해야 한다.

f) **"빛 있으라"**: 신이 "빛 있으라"라고 말한 장면에서부터 천지창조의 제2국면이 시작된다. 첫째 날에는 "인간의 눈에는 보이지 않으며 지성에 의해서만 지각되는" 최고천, 즉 천상계가 창조된다. 셋째 날에는 '아래의 물'이 원소계로서 나타난다.

g) **최고천**: 둘째 날에는 '위의 물(최고천)'과 '아래의 물'로 분리되고, 중간에 에테르천(ether天)이 생긴다. 최고천이 중앙의 검은 허공을 에워싸고 있다. '신의 영'은 거울처럼 최고천을 반영한다.

h) **에테르천**: 창조 둘째 날에 항성과 혹성의 천구, 즉 에테르천이 창조된다. 에테르는 제5원소이기도 하며, 월하계의 4대 원소와 달리 변화하거나 부패하지 않는다.

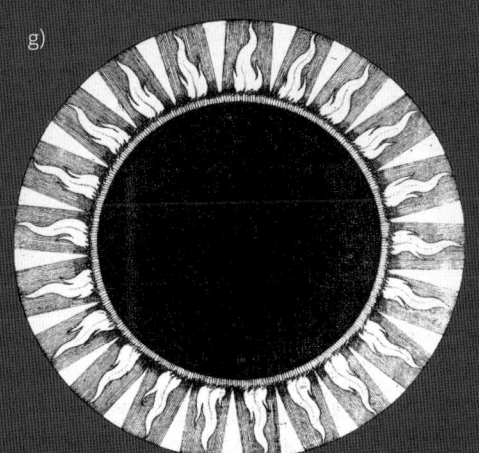 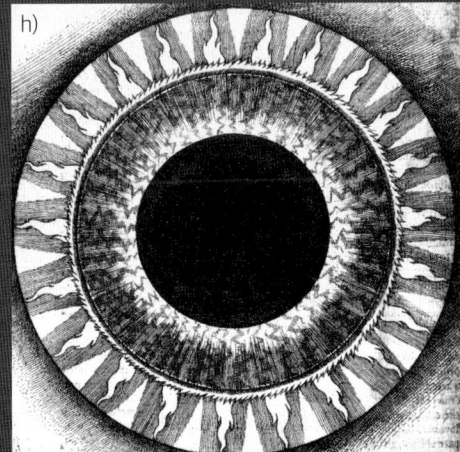

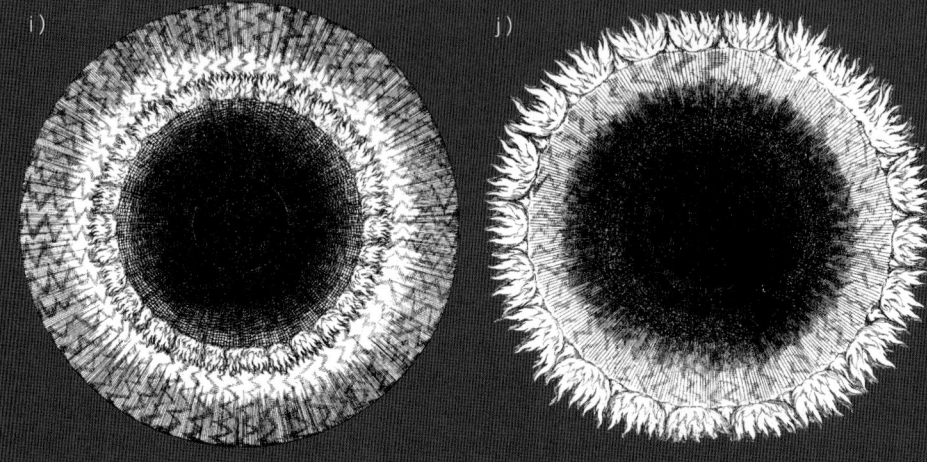

i) **4대 원소(불)의 창조**: 4대 원소 중 불의 천구가 창조된다.
j) **4대 원소(땅)의 창조**: 4대 원소 중 땅의 천구가 창조된다.
k) **4대 원소(공기·물)의 창조**: 불과 땅의 천구 중간에 공기, 물의 천구가 배치된다.
l) **항성의 창조**: '항성'이 창조되어 에테르천의 주변부에 배치된다.

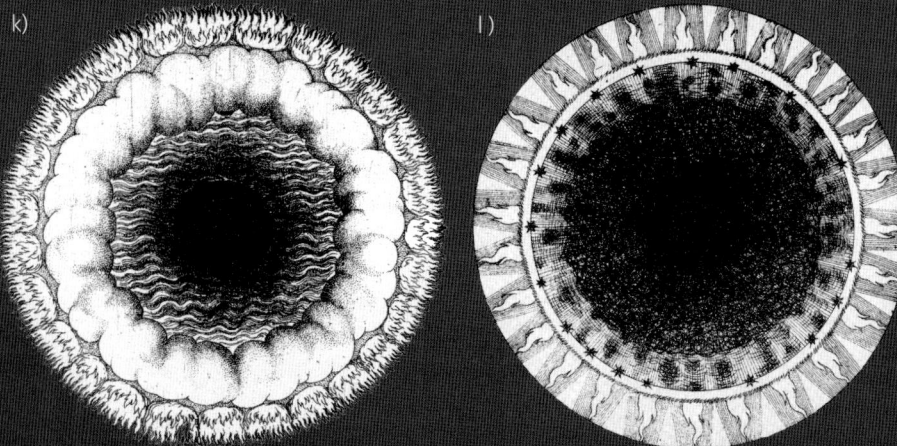

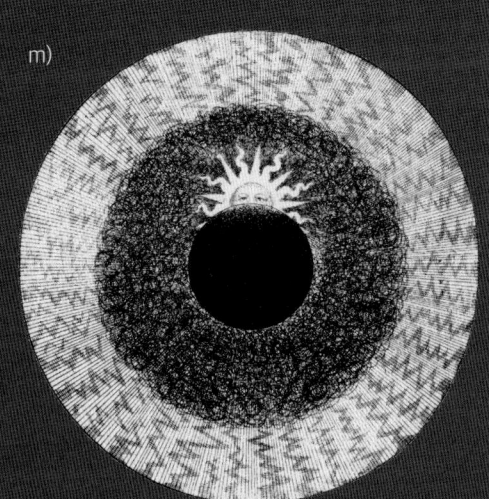 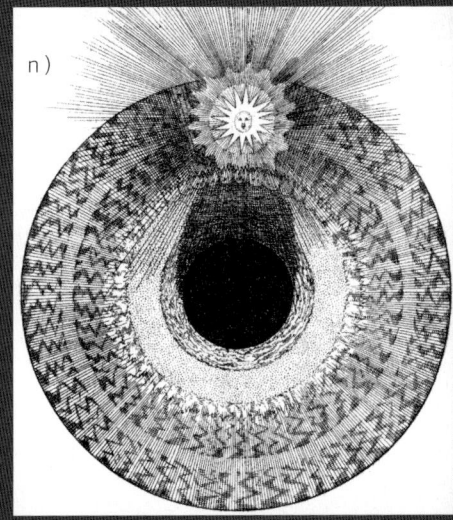

m) **태양의 상승:** 항성에 이어서 태양이 생겨난 장면. 천상의 빛 일부가 중앙에 있는 지구에 갇히나, 창조 넷째 날에 그 빛이 상승하여 태양이 된다.

n) **에테르천의 태양:** 상승하는 태양은 '창조된 빛'으로서 "빛으로 가득한 하늘에는 너무 농밀하고 지구에는 너무 희박"하기 때문에 양자의 중간, 즉 에테르천의 중심에 머문다.

o) **혹성의 배치:** 태양의 위치가 정해지면 혹성의 궤도가 정해진다. 항성에서 시작하여 토성, 목성, 화성, 태양, 금성, 수성이 순서대로 배치되어 에테르천의 전체가 모습을 드러낸다.

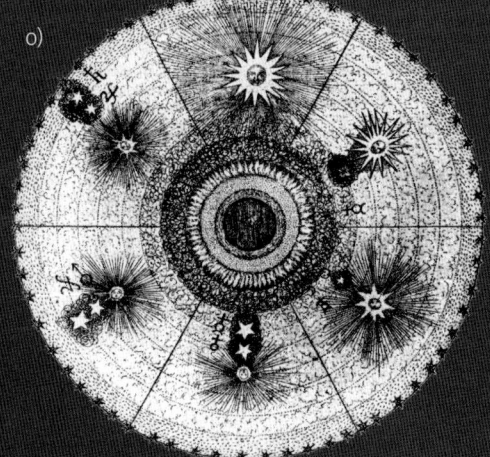

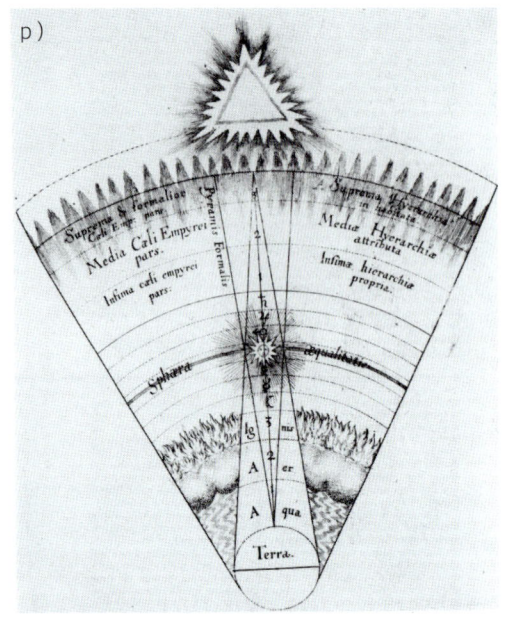

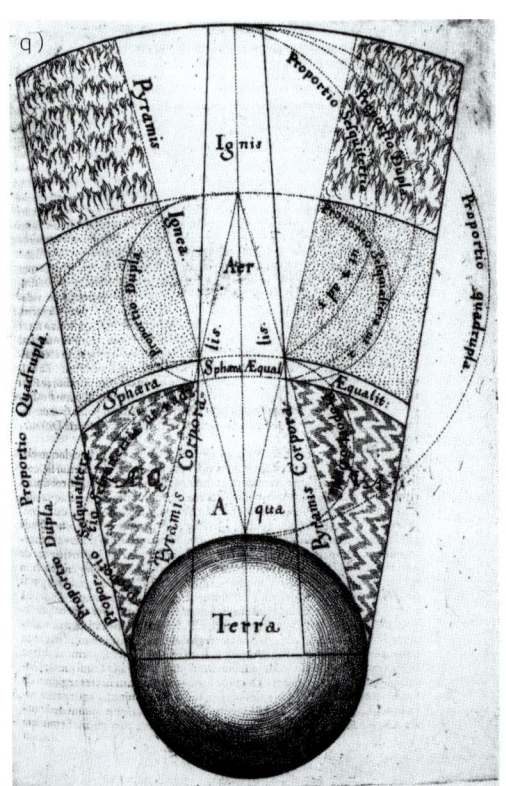

흑'이다. 물의 면을 뒤덮고 있는 신의 영이고, 스스로는 창조되지 않고, 스스로 존재할 수 없는 초자연적인 실체이다. 연금술적으로 말하면 흑화(니그레도) 단계를 의미한다. 도판 b는 제일 먼저 창조된 빛, 즉 "천사의 지혜, 하늘에서 생명을 부여하는 힘, 인간의 이성적인 혼, 하위 세계의 생명력"이다. "이 빛은 아래쪽으로 내려감에 따라서 차츰 밝음을 잃으며, 사물의 완성도는 빛의 양에 비

p) **형상과 질료의 피라미드**: 초자연적인 존재인 신은 위쪽의 '삼각형'으로 표시되어 있다. 최고천, 에테르천, 원소계의 세 영역이 계층을 이루며 배치되어 있다.

q) **4대 원소의 피라미드**: 원소계를 구체적으로 그린 것으로, 불, 공기 영역과 물, 땅의 영역으로 분리함으로써 4대 원소의 형상과 질료의 정도를 나타내고 있다.

례한다"라고 설명한다. 도판 c는 '물의 분리'로, 주변부의 '능동적인 사랑의 불'이라고 불리는 부분은 '위의 물'이 되고, 빛에서 먼 부분(중앙의 어두운 구름)은 '아래의 물'이 된다. 양자 사이에 있는 것은 '밝은 구름'으로, 이는 영적인 상태와 물질적인 상태의 중간적인 것이며, '수은의 정기, 에테르, 제5원소' 등으로 불린다. 도판 d는 '4대 원소의 혼돈'으로, '아래의 물'이 섞여 덩어리 상태가 된다. 4대 원소, 즉 땅, 물, 공기, 불이 서로 싸운다. 도판 e는 '중심의 태양'이 창조되는 장면이다. 혼돈 상태가 진정되면 4대 원소가 각각의 영역에 땅, 물, 공기, 불의 순서로 자리 잡고, 중심에 태양이 생겨난다. 태양이 창조 초반에는 하늘이 아니라 우주의 중심에 있다는 점에 유념해야 한다.

도판 f는 "빛 있으라"라는 말과 함께 '신의 영'이 허공을 한 바퀴 돌자 '빛'이 생겨나는 장면이다. (여기서부터 제2도해 시리즈가 시작된다). 그 결과, 도판 g에서 보는 것처럼 '최고천'이 나타나 중앙의 검은 허공을 에워싼다. 최고천은 천사가 사는 곳이다. 도판 h는 '신의 영'이 다시 한번 회전하여 에테르천이 나타나는 장면이다. 최고천과 중앙 검은 부분의 중간에 있는 에테르천은 구체적으로는 항성과 혹성의 공간이다. 도판 i, j, k는 '원소의 천구'이다. 도판 i는 열, 건의 성질을 지닌 불의 천구이고, 에테르천 안쪽의 불꽃 고리로 표현되어 있다. 도판 j는 냉, 건의 성질을 지닌 땅의 천구이고, 우주의 어두운 구로서 응축된다. 불과 땅의 천구 중앙에 공기(열,습)와 물(냉,습)의 천구가 온다(도판 k).

도판 l은 '항성의 천구'이며, 에테르천의 가장 바깥쪽에 배치되어 있다. 도판 e에서 땅의 천구에 위치하던 태양이, 도판 m에서 보는 바와 같이 생장하는 식물처럼 차츰 천공으로 상승한다. 상승하는 태양은 태생을 고려하면 최고천까지 올라갈 것 같지만, 실제로는 '창조된 빛'으로서 "빛으로 가득한 하늘에는 너무 농밀하고 지구에는 너무 희박"하기 때문에 양자의 중간, 즉 에테르천의 중심에 머문다(도판 n). 태양의 위치가 정해지면 혹성의 궤도가 정해진다. 도판 o에서는 항성부터 시작하여 토성, 목성, 화성, 태양, 금성, 수성이 순서대로 배치되어 에테르천 전체가 모습을 드러낸다. "태양은 에테르계 전체의 열원이라 태양에서 멀리 떨어진 혹성일수록 차갑기" 때문에 결과적으로 토성과 달이 가장 차가운 혹성이 된다.

플러드의 천지창조는 태양 배치를 중심으로 도해

신과 대치하는 욥: 윌리엄 블레이크(William Blake)의 『욥기』 일러스트』(동판화, 1826년)의 클라이맥스로, 시련을 통과한 욥이 신과 같은 지평에서 대치 중이다. 플러드가 신을 우주 저편에 있는 '정삼각형'으로 표현한 것과 달리, 블레이크의 그림에서 욥은 아내와 함께 신을 직시하고 있다(제17판). 욥이 바라보는 신은 자신에게 내재된 신성이며 신, 음악, 그림, 건축 등의 예술 근저에 있는 미를 직관하는 상상력을 의미한다.

되어 있으며, 그 과정을 정리하면 도판 p가 된다. 여기에서는 초자연적인 존재인 신은 위쪽의 '정삼각형'으로 표시되어 있고, 최고천은 3분할된 천사의 9위계로 표현되어 있다. 에테르천은 일곱 혹성의 천구로 분할되며, 그 중심에 태양이 있다. 원소계에는 4대 원소가 정연하게 배치되어 있다. 이와 같이 우주는 신에서부터 땅에 이르기까지 계층을 이루며 구성되어 있다. 지구 바로 앞까지 '하강하는 피라미드'는 영성을, 신의 초천공세계 앞까지 '상승하는 피라미드'는 물질성을 나타내며, 양자의 균형점에 태양이 배치되어 있는 점에 주목

윌리엄 블레이크의 천지창조: 「욥기」의 수채화 시리즈. 중앙에서 양 팔을 벌리고 있는 인물은 신이다. 구름을 사이에 두고 위쪽에 천사, 신의 양손 밑에는 네 마리의 말을 탄 태양신 아폴론과 뱀을 탄 달의 신 디아나, 동굴 같은 공간에는 욥과 그의 아내와 세 친구가 있다. 천사는 최고천, 아폴론과 디아나는 천공계(에테르천), 욥은 원소계(월하계)를 나타낸다. 인용된 성경 구절은 "그때 새벽별들은 노래하고 신의 자식들은 다 기뻐 소리를 질렀느니라"(「욥기」 38:7)이다. 동판화(제14도판)에는 좌우에 천지창조 엿새간의 장면이 그려져 있다. 아래쪽에는 원시의 바다와 거대한 뱀이 있는데, 만물이 생겨나는 혼돈(카오스)을 나타낸다.

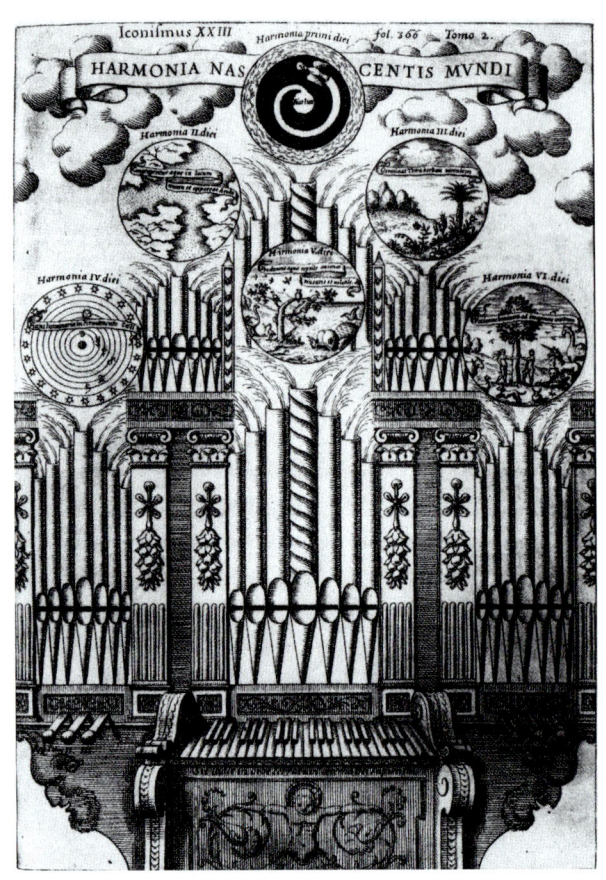

천지창조와 음악: 키르허의 『보편 음악』(1650년). 천지창조 엿새가 오르간 음악과 서로 공명한다. 아래쪽에는 파이프오르간, 위쪽에는 천지창조의 엿새가 여섯 개의 원에 그려져 있다. 제일 꼭대기의 첫째 날은 플러드가 제작한 천지창조 도해 "빛 있으라"(141페이지 도판 f) 이미지를 차용했다.

해야 한다. 도판 q는 도판 p의 원소계를 구체적으로 그린 것으로, 불, 공기 영역과 물, 땅의 영역으로 분리함으로써 4대 원소의 형상과 질료의 정도를 나타내고 있다.

　천지창조는 제4장에서 설명할 낭만주의 시인이 사랑한 주제이기도 하다. 여기에서는 윌리엄 블레이크가 만년에 제작한 『욥기』 일러스트』(1826년, 146페이지 도판) 중에서 제14도판을 소개하겠다. 『욥기』 일러스트』는 총 21장으로 이루어진 시리즈 판화로, 착한 욥이 부당하게 휘말린 시련을 극복하고 진정한 신앙에 이르는 이야기를 도해한 것이다. 하지만 블레이크는 『성서』 이야기를 그대로 표현하

우주에 울려 퍼지는 음악: 키르허의 『보편 음악』(1650년). 위에서부터 광원인 신성(삼각형), 천사 합창단, 피리와 수금을 든 음악 정령 무시카, 왼쪽 아래에는 피타고라스, 중앙에는 대장장이, 오른쪽 아래에는 시의 여신 중 하나인 폴리힘니아가 그려져 있다. 피타고라스는 대장장이들이 내리치는 망치 소리를 듣고 조화음의 수적 관계를 발견했다고 한다.

지 않고 자기 세계관을 짙게 투영하여 결과적으로 블레이크의 '예언서' 주제를 시각화한 독자적인 작품으로 완성했다. 플러드의 천지창조 도해를 감상하고 나서 블레이크의 도판을 보면 연금술 이미지가 낭만주의 시대에도 반향을 일으켰음을 실감하게 된다. 나아가 플러드의 작품에서는 '손'으로만 표현되었던 '신'이, 블레이크에 이르면 전신이 '인간'인 모습으로 등장할 뿐 아니라 신과 욥이 동일한 지평에서 대치한다(제17판). 18세기부터 19세기 초반이 되면 세속화가 진행되어 신 또는 그리스도를 인간 상상력의 상징으로 파악하게 된다.

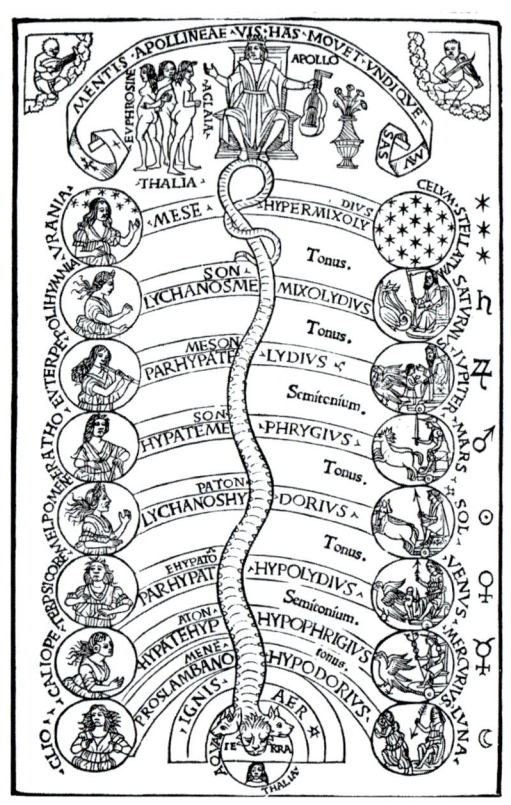

천구의 음악과 드래곤: 프란키누스 가푸리우스(Franchinus Gaffurius)의 『음악 실천』 (1496년). 음악(음계)과 혹성과 시의 여신과의 관계가 좌우에 그려져 있고, 중앙의 드래곤이 전체를 관통하고 있다. 혹성의 열에는 위에서부터 항성천 아래에 토성, 목성, 화성, 태양, 금성, 수성, 달이 있고, 그 오른쪽 옆에 혹성 기호, 왼쪽 옆에 음계의 온음·반음과 선법명이 표기되어 있다. 신의 여신은 제우스와 므네모시네 사이에서 태어난 아홉 명의 자매로, 항성천 우라니아부터 달 클리오까지 차례로 늘어서 있으며, 마지막에 지구가 탈리아와 대응되어 있다. 하부에는 4대 원소가 그려져 있고, 상부에서는 수금(竪琴)을 든 아폴론이 세 명의 미의 여신에게 시중을 받고 있다. 아폴론은 전체의 지휘자 역할을 한다. 드래곤한테는 사자(아래), 늑대(왼쪽), 개(오른쪽)의 머리가 달렸으며, 각각 현재, 과거, 미래를 나타낸다.

음악과 연금술

음악은 연금술뿐 아니라 유럽의 신비 사상과도 밀접하게 관련되어 있다. 음악의 이론적인 창시자는 대장장이가 내리치는 망치 소리를 듣고 조화음(하모니)의 수적 관계를 발견한 피타고라스이다. 그는 또 코스모스(우주, 질서)라는 말을 만들어낸 사람이기도 하다. 피타고라스는 우주의 질서를 관조함으로써 신의 영역에 도달할 수 있다는 사상을 펼쳐 플라톤과 함께 유럽 신비 사상의 원류가 되었다. 피타고라스 사상의 근간은 수학과 음악이며, 수는 "본

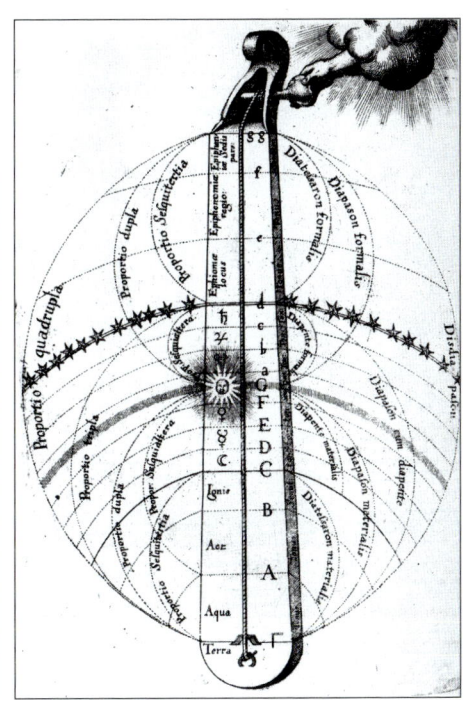

플러드의 「우주의 일현금」: 우주 전체가 하나의 하모니를 연주한다는 플러드의 음악적 우주론은 이 장대한 「우주의 일현금」에 요약되어 있다(『양우주지=대우주지』). 위에서부터 천사의 위계, 항성천, 일곱 혹성(토성, 목성, 화성, 태양, 금성, 수성, 달), 4대 원소(불, 공기, 물, 땅)로 이어지며 중심에 태양이 위치한다. 조율용 줄감개를 잡고 있는 것은 신의 손으로, 우주와 음악의 작용 원인이 신성임을 나타낸다. 형상 디아파종(diapason)은 태양에서부터 최고천까지, 질료 디아파종은 땅에서부터 태양까지 이어져 있으며, 양자가 결합되어 우주의 화성이 울려 퍼진다.

질적 실재, 절대적 진리, 신성을 경험하고자 정신을 향상시키는 속에서 우리가 추구할 흔들림 없는 목표"(헤닝거 주니어, S. K. Heninger Jr., 『천구의 음악』)라고 했다. 수는 영혼만 파악할 수 있는 지혜 세계와 감각에 의해 지각되는 생성 세계의 양쪽에 걸쳐 있는 신비로운 성질을 가지고 있으며, 수의 조화를 구체적으로 표현한 것이 음악이다.

음악에는 우주 음악, 인간 음악, 악기 음악의 세 가지가 있으며, 세 가지는 모두 신적 조화를 표현하는 것을 지향하지만, 이때 수에 관한 명상을 함으로써 신적 세계에 들어가는 것이 피타고라스의 목표였다. 음악에는 우주에 충만한 조화가 현현되어 있어서 음악은 인간뿐 아니라 만물의 영혼을 치유한다. 조화를 잃고 불안이나 분노에 사로잡힌 영혼을 치료하는 것이 음악이기 때문에 음악에는 마법적인 힘이 들어 있다고 보았다.

아탈란타와 히포메네스: 미하엘 마이어의 『달아나는 아탈란타』(1618년)의 타이틀 페이지. 무대 배경은 헤스페리데스의 정원이고, 거기에 황금 사과나무가 있다. 드래곤이 입구를 지키고 있어서 접근이 쉽지 않다(가운데 위). 영웅 헤라클레스는 이 드래곤을 죽이고 사과를 손에 넣어 아프로디테에게 준다(왼쪽). 오른쪽에서는 아프로디테가 황금 사과 세 개를 히포메네스에게 준다. 아래에는 아탈란타와 히포메네스의 경주 장면과 신전에서 사랑을 나눈 탓에 사자로 변하는 장면이 그려져 있다.

음악에는 만물에 침투되어 있는 생명 영기를 약동하게 만드는 힘이 있다. 음악을 통해 천공의 생명 영기가 전달되고, 인간의 영혼이 활성화된다. 인간의 영혼은 음악을 통해 본래의 신적인 조화를 회복한다. 음악은 7음으로 이루어진 음계를 기본으로 하는데, 이 음계는 천계를 구성하는 수적 비율과 같은 비율을 가지고 있기 때문에 당연히 인간 영혼을 동일한 조화 상태로 이끈다. 이 이론에 따르면 음악을 들을 때 사람은 생명 영기를 진동시키고 있는 것이며, 자신도 모르는 사이에 우주의 원초적인 미적 조화로 이끌린다고 한다. 쿤라트의 도판 「연금술사의 실험실」(89페이지 참조)에는 네 개의 현악기가 그려져 있다. 그 아래에는 "신성한 음악은 슬픔과 악령을 쫓아냅니다. 영=정기가 경건한 기쁨으로 가득

음악과 연금술 (1): 1668년에 파리에서 제작된 이 그림은 음악과 연금술의 관계를 보여준다. 오른쪽의 연금로와 증류기를 앞에 두고 작업 중인 연금술사는 헤르메스 트리스메기스투스이다. 그 옆에는 비올라다감바가 그려져 있고, 그 위에는 건반이 일곱 개인 오르간 파이프의 7음과 일곱 금속(혹성)의 대응이 표현되어 있다. 도=은, 레=수은, 미=동, 파=금, 솔=철, 라=주석, 시=납. 연금술사는 음악에 현현하는 우주의 비밀을 앎으로써 연금작업을 조화롭게 진행할 수 있었다.

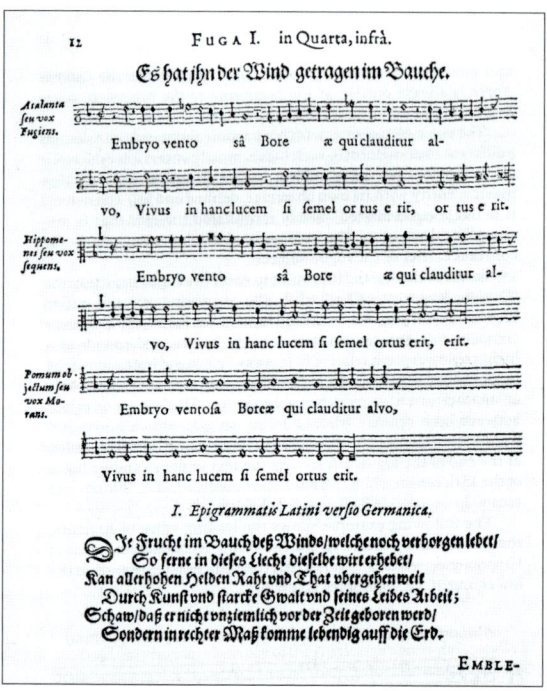

음악과 연금술 (2): 이 악보는 『달아나는 아탈란타』의 우의화 제1에 첨부된 것이며, 『달아나는 아탈란타』에는 50개의 푸가 음악이 실려 있다. 위에서부터 순서대로 아탈란타, 히포메네스, 황금 사과의 3성부로 이루어진다.

찬 마음속에서 즐거이 노래하기 때문입니다"라는 말이 새겨져 있는데, 이 말이 나타내는 것처럼 음악은 연금술과 밀접한 관련이 있다고 여겨진다.

음악과 연금술의 관계를 보여주는 대표적인 작품은 마이어의 『달아나는 아탈란타』(1618년)이다. 에피그램(경구적 단시)과 푸가 음악이

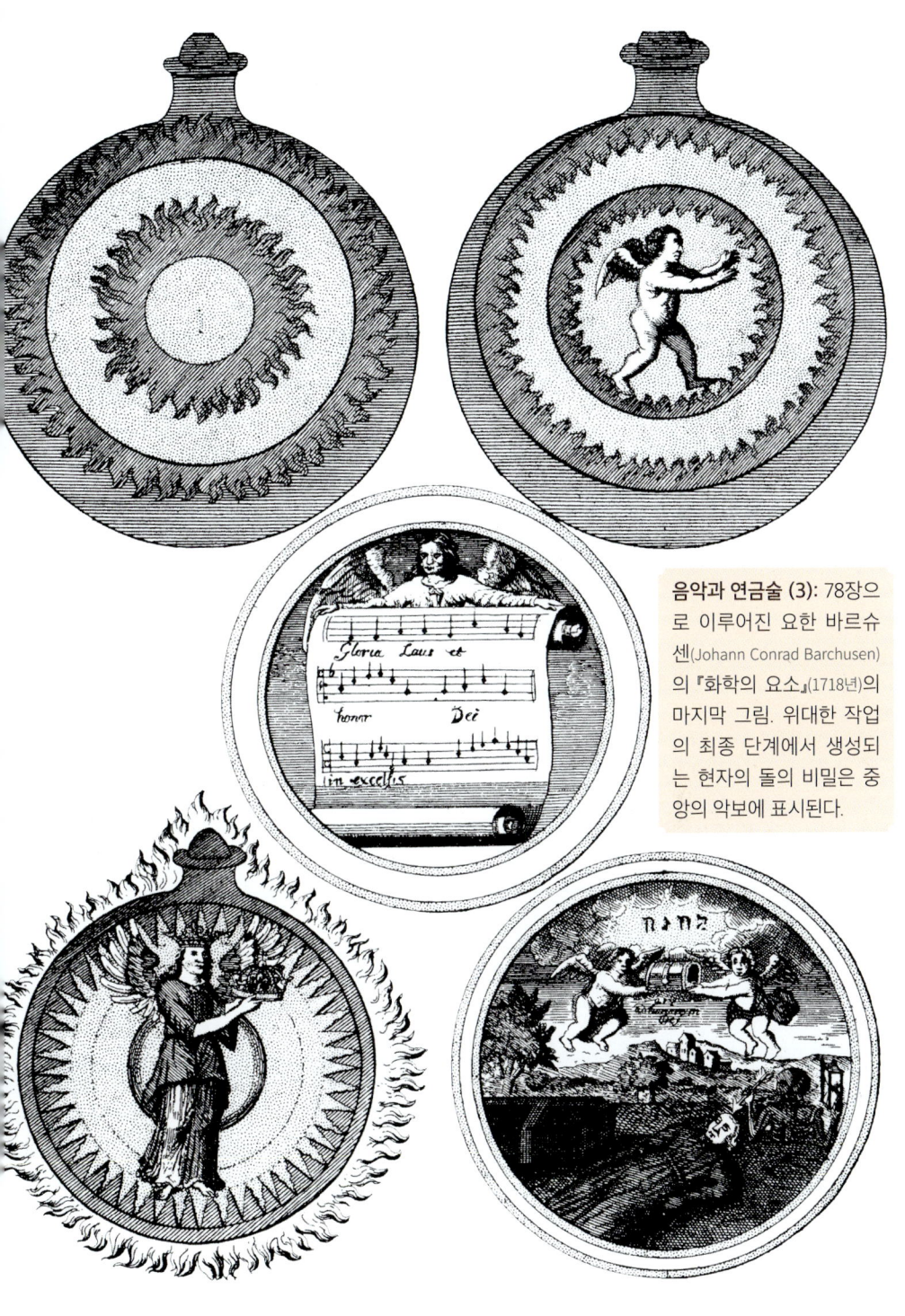

음악과 연금술 (3): 78장으로 이루어진 요한 바르슈센(Johann Conrad Barchusen)의 『화학의 요소』(1718년)의 마지막 그림. 위대한 작업의 최종 단계에서 생성되는 현자의 돌의 비밀은 중앙의 악보에 표시된다.

각각의 도판에 달려 있어서 음악을 통해 연금술의 비전을 이해할 수 있게 구성되어 있다. 제목에 나오는 아탈란타는 발 빠른 미녀 아탈란타를 말하며, 그녀가 나오는 이야기에 바탕하고 있다. 많은 사람에게 청혼받은 아탈란타는 달리기 시합을 해서 자신을 이기는 자와 결혼하겠다고 선언한다. 젊은이 대부분은 시합에서 져 목숨을 잃지만, 히포메네스(멜라니온)만은 지려고 할 때마다 아프로디테한테 받은 황금 사과를 그녀 앞에 던지는 작전을 써서 승리한다. 시합에서 이긴 히포메네스는 아탈란타와 결혼하지만, 키벨레 신전에서 사랑을 나눈 벌로 두 사람 모두 사자로 변한다.

상상력의 각성과 음악: 블레이크의 『『욥기』 일러스트』는 죽음의 시련을 받은 후 욥이 진정한 신앙에 눈뜨는 과정을 상상력의 각성이라는 관점에서 재구성했다. 이 그림(제1도판)에서는 욥과 그의 가족이 나무 아래에서 기도를 올리고 있다. 책이 무릎 위에 펼쳐져 있지만, 악기는 나무줄기에 걸려 있다.

푸가(둔주곡)는 이탈리아어로 '둔주(도망쳐 달아남)'라는 뜻으로, 아탈란타, 히포메네스, '황금의 사과'의 3성부가 마치 경주하듯이 서로 번갈아 나온다. 『달아나는 아탈란타』의 「서문」에서 마이어는 "신은 자연 속에 무한한 비밀을 숨겨두셨다"라며, 신의 뜻을 발견하는 것은 사이비 연금술사('수금을 든 당나귀'에 비유)가 아니라 지혜와 고도의 기술을 지닌 진정한 연금술사의 손에 맡겨져 있다고 말한다. '황금 사과'('현자의 금')의 도움으로 아탈란타('현자의 수은'의 재료)가 히포메네스('유황')와 결합하여 현자의 수은이 탄생하는 것이다.

상상력의 각성과 음악: 최종 장면(제21도판)에서는 죽음의 시련을 극복한 욥과 그의 가족이 악기를 손에 들고 있다. 이는 그들이 상상력에 눈을 떴음을 나타낸다. 연금술에서 현자의 돌 역할을 낭만주의 시대에는 시적 상상력이 한다. 태양과 달의 위치가 제1도판과 반대로 되어 있으며, 물질성은 영성으로 바뀌었다.

4···연금술 실험

플러드의 밀 실험

로버트 플러드의 연금술은 헤르메스파에 속하지만, 시종일관 사변적인 철학을 한 것은 아니다. 연금술 실험 경험이 그의 장대한 헤르메스적 우주론을 뒷받침했다. 대표적인 예가 '밀 실험'이다. 실험 내용이 세상에 알려진 것은 1623년에 출간된 『해부학 원형극장』을 통해서인데, 실제 실험은 그보다 전에 이루어졌다(미출간 『철학의 열쇠』에 실험 내용이 상세하게 담겨 있다). 이 실험은 플러드가 『양우주지=대우주지』에서 펼친 사상 체계의 그 나름의 근거가 되었

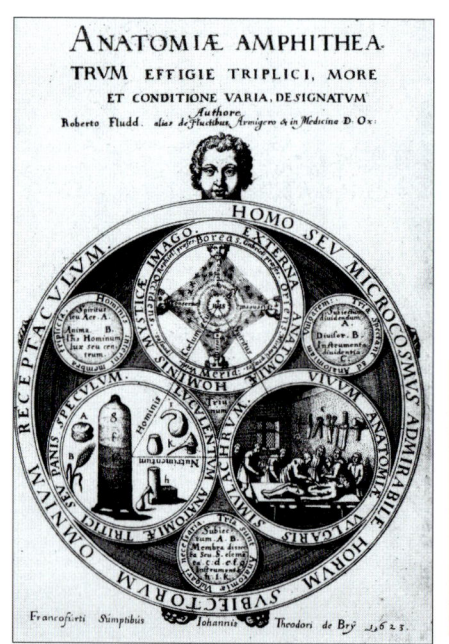

플러드의 밀가루 실험: 『해부학 원형극장』의 타이틀 페이지에 밀 실험 결과가 도해되어 있다. 왼쪽 원에는 빵과 밀가루, 증류기와 레토르트 등의 연금술 기구, 그리고 용기에는 밀가루 실험으로 추출해낸 다섯 가지 성분이 표시되어 있다. 아래서부터 땅, 물, 공기, 불의 4대 원소, 그리고 밀의 제5원소 즉 현자의 에테르이다.

으며, 요하네스 케플러나 마랭 메르센(Marin Mersenne) 등과의 논쟁에서 흔들림 없는 자신감을 보인 근거가 되었다.

플러드는 의사 일을 해서 생계를 꾸려나갔으며, 처방하는 약도 런던 자택에 마련한 실험실에서 조제했다. 실험 장치의 중심에 있는 화로 설치와 관리는 그가 고용한 프랑스인 조수에게 맡겼다. 오늘날에도 그렇지만 당시에도 약 제조는 상상 이상의 수입을 올릴 수 있는 기술이어서 의사 수입과 약 판매 수입을 합하면 실험실을 운영하기에 충분했을 것으로 추정된다.

플러드가 밀을 실험 대상으로 선택한 이유는, 혹성 중에서 태양, 동물 중에서 사람, 인체 중에서 심장, 광물 중에서 금과 마찬가지로 식물 중에서 중심적인 위치를 차지하는 것이 밀이라고 생각했기 때문이다. 유럽에서 밀은 일본의 쌀과 같은 위치였다. 실험 목적은 밀에서 제5원소를 추출하는 것이었

플러드의 실험: 밀은 가열하면 원초적인 상태, 즉 프리마 마테리아가 된다. 그 액체를 뚜껑 없는 용기에 담고 가열하면 연기가 구름처럼 피어오른다. 그 증기를 모아 응축하고 증류를 반복하면 소량의 액체를 얻을 수 있다. 『암빅스』 (11:1, 1963년).

다. 수확한 밀에 먼저 약한 열을 가해 '부패'시킴으로써 끈적끈적한 점성이 있는 액체 상태로 변화시킨다. 서서히 온도를 올리며 가열하면 밀은 원초적인 상태, 즉 프리마 마테리아가 된다. 이 액체를 뚜껑 없는 용기에 담고 더욱 가열하면 연기가 구름처럼 피어오른다. 그 증기를 모아 응축하고, 증류를 반복하면 소량의 액체를 얻을 수 있다. 이윽고 액체는 하얗게 변화하는데, 이것을 태양 빛에 노출시키면 몇 시간 만에 붉은 물질로 바뀐다. 플러드는 이 물질에 실제로 의료 효과가 있다고 했으며, 손의 통증 때문에 고민하던 그는 이 물질을 발랐더니 그때부터 통증이 완화되었다고 말했다.

이 실험 결과, 밀에서 다섯 가지 성분이 추출되었다. 『해부학 원형극장』의 도판에는 실험 결과가 다음과 같이 정리되어 있다. 우주적인 인간이 큰 원을 안고 있고, 그 안에 세 개의 원이 있다. 위의 원에는 네 개의 바람과 그 중심에 IHS(예수)가 그려져 있고, 오른쪽 원에는 해부 장면이 그려져 있다. 왼쪽 원에는 빵과 밀, 증류기 등의 연금술 기구가 그려져 있고, 용기에는 실험 결과로 추출된 다섯 성분이 표시되어 있다. 아래에서부터

플러드의 실험: 플러드가 밀 실험에서 사용한 연금로로, 서서히 가열하는 장치가 탑재되어 있다. 『암빅스』(11:1, 1963년).

땅, 물, 공기, 불의 4대 원소, 그리고 밀의 제5원소, 즉 현자의 에테르이다. 세 개의 원은 삼각형으로 연결되어 있으며, 삼각형의 꼭짓점에는 IHS, 용기에 든 공기, 외과 의사의 귀가 있다. "공기라는 매체를 통해 전해지는 소리에 의해 밀이나 빵과 마찬가지로 인간을 기르는 '신의 말'이 외과 의사에게 명시된다". 삼각형 주위에는 "하늘 혹은 영", "땅 혹은 몸", "인간의 음식"이라고 적혀 있다.

여기에서 말하는 밀의 제5원소, 즉 현자의 에테르는 식물 속에 포함되어 있는 '일종의 휘발성 소금'이라고 한다. 이 휘발성 소금은 '수정만큼 투명하며 무색인 유성 액체'이고, 거기에는 '공기 중의 영기', 즉 생명 영기가 흡수되어 있다. 플러드는 밀 실험을 통해 이 생명 영기를 용기 속에 고정시키는 것에 성공했다고 믿었다.

반 헬몬트의 버드나무 실험

반 헬몬트는 그 유명한 '버드나무 실험'을 했다. 플러드의 실험과 무엇이 크게 다른가 하면 바로 정량적인 방법을 사용했다는 것이다. 그는 먼저 화로에서 건조시킨 '흙 200파운드를 도기 용기'에 담고 '무게가 5파운드 나가는 버드나무'를 심었다. 도기 용기에 '빗물이나 증류수'를 5년간 계속해서 준 후 버드나무의 무게를 재보니 '169파운드와 약 3온스'였다. 도기 용기에 담긴 흙을 건조시켜 무게를 재보니 '약 2온스가 줄어 있었지만, 동일한 200파운드'인 것으로

지구의 중심에 있는 불: 아타나시우스 키르허의 『지하 세계』(1678년). 키르허는 1637년에 시칠리아에서 에트나산이 분화하는 것을 목격한다. 지구 내부가 어떤 구조로 되어 있는지 알 수 없던 시대에 그는 지구 내부에 불이 존재하며, 그 불이 지표로 나오는 것이 화산 분화라고 확신했다.

판명났다. 이 결과를 보고 반 헬몬트는 버드나무는 '물만으로 자라났다'라고 결론 지었는데, 판 헬몬트에게 물은 특별한 의미를 지닌 물질이었다.

『성경』에 따르면 천지창조 이전에 "땅은 혼돈"이었고, "어둠이 심연의 면"에 있었으며, "신의 영이 물의 면을 움직이고 있었다"고 한다. 반 헬몬트는 창조 첫째 날이 시작되기 전에 '물'이 존재했을 뿐 아니라 그 후 창조 과정도 '위의 물'과 '아래의 물'의 분리처럼 '물'을 중심으로 서술되어 있는 것에 주목하고, 물이야말로 연금술의 프리마 마테리아에 상응하는 것이라고 생각했다. 「창세기」에 '불'이 등장하는 장면은 없다. 창조 장면에서 등장하는 원소는 물, 공기, 땅이다. 반 헬몬트는 공기와 땅이 물을 받아들일 수 있다는 점에 근거하여 세 원소 중에서도 물이 근원 물질이라고 판단했다.

반 헬몬트에 따르면 물은 근원 물질일 뿐 아니라 엿새간의 창조가 끝난 시점부터 종말이 올 때까지 본래의 신적인 에너지를 변함없이 가지고 있다고 한다. 천지창조 셋째 날에 신은 넓은 하늘 아래에 있는 물을 모아 바다를 만들었고, 마른 부분이 육지가 되어 드러났다. 그때 원초의 물 일부가 지하 세계로 들어갔다가 노아의 홍수 때 지표로 올라온다. 홍수가 끝난 것은 지표로 올라왔던 물이 다시 지하로 들어갔기 때문이며, 현재에도 여전히 지하 세계에 있는 물은 만물의 근원으로서 창조적인 에너지를 그대로 가지고 있다. 지하 세계에 있는 금속과 돌은 이 지하의 물에서 생겨난 것이다. 하지만 물만으로는 금속을 만들어내지 못하며, 이것을 활성화하기 위해서는 생성을 시작하게 만드는 작용 원인이 필요하다. 반 헬몬트

지하의 물: 키르허의 『지하 세계』(1665년). 지구 중심에는 불뿐 아니라 물도 존재한다. 물에는 천지창조 당시의 '아래의 물' 일부가 그대로 포함되어 있으며, 그 원초적인 물을 토대로 금속이 만들어질 것이라고 추측했다.

는 파라셀수스를 따라 이 작용 원인을 아르카에우스라고 명명했다. 아르카에우스가 이 원초적인 물에 작용함으로써 아기가 모태에서 성장하는 것처럼 금속이나 돌의 생장이 시작된다(생장 과정은 천지창조 단계에서 끝나지 않고 현재도 진행 중이다). 그는 금속이나 돌에는 씨앗 또는 그 내적 성분인 아르카에우스가 들어 있어 이를 추출함으로써 금속 변성을 위한 근원 물질을 획득할 수 있다고 보았다.

센디보기우스와 초석 공기

　미카엘 센디보기우스는 전설의 안개 속에서 나타났다 사라졌다 하는 사기꾼 이미지였다가 명예를 회복한 연금술사 중 한 명이다. 오늘날 그의 저서 『연금술의 새로운 빛』은 17세기 초반 유럽 연금술에 새로운 방향을 제시한 획기적인 저서로 평가받는다. 센디보기우스가 연금술에 입문한 것은 폴란드 크라쿠프에 머물렀을 때다. 라이프치히와 빈의 대학에서 자연철학을 폭넓게 공부한 후 1593년 유럽 연금술의 중심지 프라하에 가서 루돌프 2세의

「익명의 사르마티아인」: 마이어의 『황금 테이블의 상징』(1617년)의 타이틀 페이지에는 마이어가 선택한 열두 명의 위대한 연금술사 초상화가 그려져 있다. 그중 열두 번째 사람이 '익명의 사르마티아인'으로, 본명이 무엇인지는 아직 밝혀지지 않았다. 하지만 17세기에 '사르마티아인'은 폴란드 귀족을 지칭하는 말로 사용되었기 때문에 센디보기우스일 것으로 추정된다.

제3장 연금술의 이론과 실천　165

미카엘 센디보기우스: 루돌프 2세 앞에서 금 변성 실험에 성공한 센디보기우스는 프라하에서 활약한 연금술사 중에서도 지도적인 위치에 있었다.

신하가 되었다. 1604년에는 루돌프 2세 앞에서 비금속을 금으로 바꾸는 실험을 했다. 같은 해에『현자의 돌에 관한 12 논고』가 출간되었다가『연금술의 새로운 빛』으로 제목이 변경되어 재출간되었다.

『연금술의 새로운 빛』은 17세기에 가장 영향력이 있었던 연금술서 중 하나이다. 초판인 라틴어판은 1604년에 출판되었고, 1625년에는 연금술 논문집『헤르메스학 박물관』에 수록되었다. 그 사이에 서른 번가량이나 출간되었을 뿐 아니라 그 후 라부아지에 등에 의해 근대 화학이 확립되는 18세기 말까지 각국 언어로 계속 출판되었다. 영어판은 존 프렌치(John French)에 의한 1650년판, 익명의 번역가에 의한 1893년판 등이 있으며, 최근에는 B. J. T. 돕스에 의한 간단한 요약 버전이 있다.

센디보기우스는, 연금술사는 먼저 자연을 충실히 따르는 것이 매우 중요하다고 했으며, 연금술 지식을 "자기 손으로 한 실험으로 획

초석의 순화: 16세기 초석 결정화 과정. 초석(초산칼륨)은 보통 화약이나 폭죽 재료로 사용되었다. 초석을 가열하면 초산칼륨을 얻을 수 있다. 여기에 유황과 목탄을 혼합하여 흑색화약을 만들었다. 연금술이 왕성하게 이루어진 시대에는 공기 중에서 화약이 급격하게 연소하는 불가사의한 현상을 생명 영기와 결부시켰다.

미카엘 센디보기우스: 마이어의 『황금 테이블의 상징』(1617년). 왼쪽에 있는 사람은 센디보기우스이고, 오른쪽에 있는 다리를 다친 사람은 불의 신 불카누스이다. 물조리개에서 나오는 물은 비, 즉 '하늘의 이슬'이고 거기에는 '공기의 소금(=초석)'이 포함되어 있다. 나무에는 '태양의 과실' 일곱 개와 '달의 과실' 여섯 개가 열려 있다.

득했음"을 강조했다. 현자의 돌로 비금속을 금으로 변성할 수 있는 것은 자연의 문을 열고 그 가장 깊은 성역에 들어가는 것을 허락받은 진정한 연금술사뿐이라고 했다. 4대 원소에도 각각 씨앗이 있어서 그 씨앗이 지구 중심에 던져 넣어지면 자연의 형성력인 아르카에우스가 그것을 받아 대지의 작은 구멍을 통해 승화시켜 다양한 금속으로 자라나게 한다. 금속 생성 과정에는 또 불과 물이 필요하다. 지구 중심에는 천공의 태양에 대응하는 또 하나의 태양이 존재하며, 그것을 열원으로 해서 금속 씨앗은 지표로 상승하고, 천공의 태양 광선과 연결되어 증식 가능한 금속으로 생장한다고 했다. 내

안티몬 하소(煅燒): 태양 빛을 모아 안티몬을 연소시키는 실험. 금속을 연소시키면 중량이 증가하는 것은 초석 공기 입자가 금속에 흡수되기 때문이라고 추측했다. 1751년 제작.

부에 씨앗이 없는 금은 미성숙한 금이며, 이를 성숙시키면 완전한 금이 된다. 일반적인 금은 씨앗이 없는 식물과 마찬가지로 씨앗을 만들어낼 능력이 없는 미성숙한 금이다. "식물도 성숙하면 씨앗이 생기고, 금도 성숙하면 씨앗, 즉 연금 염액 팅투라가 생긴다"라고 했다.

센디보기우스는 태양 빛에 포함된 신비한 힘을 끌어당기는 물질을 '강철'이라고 불렀다. "자연에서 만들어진" 이 강철은 자석처럼 "그 경이로운 힘에 의해 태양 빛에서 그토록 많은 사람이 찾던 것,

우리 술법(연금술)의 주요한 원리를 끌어낸다"라고 했다. 센디보기우스가 '강철'로 표현하려고 한 물질은 사실 초석(초산칼륨)이다. 초석은 센디보기우스 연금술의 핵심 물질로, '강철' 외에도 '땅 중심의 소금', '우리의 마그네시아', '우리의 소금'이라는 명칭으로 불렀다. 초석은 공기 중에 있는 생명 영기의 근원이며, 그것 없이는 지상의 모든 것은 생겨나는 것도 존재하는 것도 불가능한 근원 물질이라고 보았다.

영국 의사 존 메이오(John Mayow)는 공기 중에 포함된 초석이 만물을 기르는 근원적인 요소라는 설을 믿었다. 천둥이 울리고 번개가 치는 자연 현상을 본 메이오는 공기 중에서 화약이 폭발하고 있다고 생각했고, 초석 공기 입자라는 입자가 존재한다고 주장했다. 당시 흑색화약은 초석과 유황과 목탄을 혼합한 것이었는데, 그 폭발력과 굉음이 천둥과 번개를 연상시킨 것이다. 금속을 하소(煆燒, 어떤 물질을 공기 중에서 태워 휘발 성분을 없애고 재로 만드는 일-역주)시키면 중량이 증가하는 것은 공기에 포함된 초석 공기 입자가 금속에 흡수되기 때문이며, 밀폐된 용기에 초나 장뇌를 넣고 연소시키면 공기

존 메이오의 실험: 왼쪽 그림은 연소 후 초석 공기 입자가 소비되어 공기가 감소한 것을 보여주는 실험이다. 오른쪽 그림은 초석 공기 입자가 소비된 후의 공기 속에서는 쥐와 같은 동물이 생존할 수 없음을 증명하는 실험이다.

의 양이 감소하는 것도 마찬가지로 연소하는 데 필요한 물질, 즉 초석 공기 입자가 소비되었기 때문이라고 보았다. 초석 공기 입자가 소비된 후의 공기 속에서는 쥐와 같은 동물이 생존하지 못하는 것을 보고 초석에 생명을 유지하는 정기가 포함되어 있다고 생각한 것이다.

5…안티몬과 초록 사자

식물처럼 성장하는 금속

고대 로마 시대에 전쟁에서 빛나는 승리를 거두고 돌아온 개선장군은 '전차'를 타고 로마 시내를 돌며 시민들의 환호를 받았다. 연금술에서 개선 전차를 탈 자격이 있다고 인정받은 금속은 당시 가장 눈부신 지위에 있던 안티몬이다. 안티몬은 홑원소 물질일 때는 은백색의 반금속 결정이지만, 보통은 기둥 형태 또는 바늘 형태의 결정으로 이루어진 휘안석(황화안티몬)으로 존재한다. 아라비아에서는 휘안석에 코릴린이라는 액체를 넣고 으깬 것을 아이섀도 등의 화장품으로 사용했다. 이 액체의 이름은 코올(cohol)로 바뀌었고, 액체에 넣고 으깬 휘안석에는 알코올이라는 이름이 붙었다. 이윽고 포도주의 증류 생산물, 예를 들어 브랜디 등이 수도원에서 제조되면서 그 주요 성분을 알코올이라고 부르게 되었다. 장미 등의 꽃에서 에센스를 추출하여 향수를 만드는 화학용제로도 이 알코올이 사용되었기 때문에 알코올에 물질의 제5원소를 분리시키는 작용이 있다고 믿어졌다. 또 안티몬(antimonium)에 anti monos(단독이 아니다)라는 뜻이 담겨 있는 것을 보면 알 수 있듯이 수은과 마찬가지로 합금

금속의 생성: 라자루스 에르커(Lazarus Ercker)의 『지하 세계의 왕궁』(1736년). 신이 지상의 산에 왼쪽에서부터 태양(금), 금성(동), 화성(철), 토성(납), 목성(주석), 수성(수은), 달(은)의 금속 씨앗을 심었다. 왼쪽 산의 지하에서는 채굴, 오른쪽 산기슭에서는 정련 작업이 이루어지고 있다. 아래에는 연금 작업을 하는 모습이 그려져 있다. 연금술은 신이 금속 씨앗을 뿌려 자라난 금속을 인간이 수확한다는 발상에 기반한다.

이 잘되는 성질을 가지고 있다. 안티몬 합금 중에 가장 유명한 것은 납안티몬 또는 주석안티몬으로, 제1장에서 언급한 것처럼 인쇄용 활자를 만드는 데 사용되었다.

안티몬의 중요성을 지적한 연금술 문서로는 바실리우스 발렌티누스의 『안티몬 개선 전차』가 있다. 이 책의 주제는 안티몬의 정화 능력으로 음용약을 만드는 것이다. 발렌티누스는 15세기 후반 독일에서 활약한 베네딕도회 수도사(44페이지 참조)로, 그 밖에 『열두 열쇠』라는 책도 썼다고 하나, 실존 인물인지 아닌지 확인되지 않은 상태이다. 『안티몬 개선 전차』는 1604년에 출판되었으며, 편집자 요한 톨덴(Johann Tholden)이 실제 저자일 것으로 추정된다. 그리고 이러한 안티몬에 특별한 관심을 기울인 사람이 뉴턴이다.

안티몬은 원래 휘안석이라는 광석을 지칭하는 명칭으로, 금속 안티몬을 지칭할 때는 '레귤러스' 또는 '안티몬레귤러스'라고 불렀다. 뉴턴이 쓴 연금술 원고 중에 「열쇠(Clavis)」라는 문서가 있는데, 거기에 안티몬 실험 과정이 상세하게 기재되어 있다. 휘안석에 철을 추가하고 가열하면 휘안석에 포함되어 있는 유황이 철과 화합하여 황화철이 되고, 안티몬(이 경우에는 철, 즉 화성의 레귤러스)이 분리된다. 모든 금속은 수은(여성 원리)과 유황(남성 원리)으로 이루어져 있으므로 이 경우에는 안티몬의 수은적 모태에 철의 유황 씨앗이 포함되어 있다고 해석된다. 여기에서 씨앗이 모태를 이상적인 형태로 임신시키면 거기에 별 모양의 결정이 생긴다. 뉴턴은 안티몬의 별 모양 레귤러스라고 불리는 이 결정에 완전히 매료되었다. 별 모양 레귤러스에 은(디아나의 비둘기)을 용해하고 그 후 보통의 수은과 합해

일곱 개의 금속: 『헤르메스학 박물관』(1678년). 지상에서는 좌우의 여신이 불과 물 기호를 들고 있고, 가운데 여신이 4대 원소의 조화를 상징하는 솔로몬의 문장(현자의 돌을 상징)을 들고 있다. 땅속 혹은 동굴처럼 생긴 곳에 있는 일곱 명의 여성은 일곱 개의 금속을 나타낸다. 전체는 낮과 밤을 나타내는 겹쳐진 두 개의 원에 둘러싸여 있고, 그 바깥에는 4대 원소가 샐러맨더, 천사, 배, 육지로 표현되어 있다.

아말감을 만든다. 그런 다음 건조, 승화, 아말감화를 일곱 번에서 열 번가량 반복하면 현자의 수은을 얻을 수 있다. 이 현자의 수은에는 온갖 금속, 특히 금을 내부적으로도 외부적으로도 완전히 녹일 수 있는 힘이 있다고 믿어졌다. 보통 수은이 안티몬의 별 모양 레귤러스로부터 '영적인 정액(또는 씨앗)'을 받은 결과, 현자의 수은으로 바뀐 것이다. 돕스는 이 실험을 『뉴턴의 연금술』에서 자세히 소개하며 "금과 이 수은(현자의 수은)을 넣은 유리 용기를 화로에 올리면" 금이 제공하는 발효소에 의해 "수은은 나무 모양으로 자라난다"고 설명했다. "금은 이 세상에 있는 어떤 수은보다 생명력과 유동성이 있는 수은"으로 변한 후 연금술사의 최종 목표인 현자의 돌이 된다.

채굴: 트리스모신의 『태양의 광채』. 광산에서 채굴이 이루어지고 있는 장면이다. 금속은 땅속에서 발아하고, 태양과 달과 혹성의 영향을 받으며 생장하여, 최종적으로 금으로 완성된다. 생장 속도는 식물이 일 년 단위로 이루어지는 것에 반해, 금속은 100년 또는 1,000년 단위로 이루어진다.

연금술의 능동적인 원리

돕스가 뉴턴의 실험 보고서로 여긴 '열쇠'는, 오늘날에는 조지 스타키가 1651년에 보일에게 보낸 서신 일부를 뉴턴이 베껴 쓴 것으로 판명난 상태이다. 하지만 이렇게 안티몬 실험을 해야겠다는 발상이 뉴턴한테서 나오지 않았더라도 연금술에 대한 뉴턴의 관심이 어느 방향으로 향하고 있었는가, 또 어떤 화학 변화를 중요시했는가를 보여주는 자료가 된다. 안티몬의 별 모양 레귤러스에 들어 있는 '영적인 정액'은 만물의 생장을 촉진하는 생명 영기로 여겨졌으며, 제5원소 또는 프네우마 속에 든 '창조적인 불'에 상응하는 것으로 이해되었다. 안티몬('게베르의 마그네시아'라고도 불린다)에는 "생명에 필요한 천계의 능동적인 활성화 원리"를 자석처럼 끌어당기는 능력이 있고, '영적인 정액'에는 "우주의 수동적인 물질에 생기를 불

채굴: 마이어의 『철학의 이레간』(1620년). 실제 광산 노동자는 험하고 위험한 일에 종사하며 각종 광산병에 시달렸다. 연금술사는 광산에서 안티몬을 비롯한 각종 광석을 채굴하여 현자의 돌 생성에 착수했다.

금속은 식물처럼 생장한다: 트리스모신의 『태양의 광채』. 왕관을 쓴 뿌리는 대지로부터 양분을 흡수하여 줄기와 잎사귀를 무성하게 하고 최종적으로는 꽃과 열매를 단다. 나무의 생장 과정은 연금 작업의 단계를 나타낸다. 중앙의 새 머리가 하얀 것은 흑화와 백화의 양 국면을 표현한 것이다. 사다리의 남성이 작은 나뭇가지를 연금술사에게 건네고 있다. 오른쪽 아래에서는 땅에 꽂은 작은 나뭇가지가 땅에 뿌리를 내려 새로운 나무가 되었다. 금속 조각도 땅에 묻어 키우면 식물처럼 생장하여 증식함을 나타낸다.

식물처럼 생장하는 금속: 요한 밀리어스의 『개혁된 철학』(1622년). 거대한 나무 아래에서 연금술사가 젊은 지망생에게 연금술 공정을 가르치고 있다. 나무에는 태양과 달, 그리고 다섯 혹성이 그려져 있다. 그 주위에는 일곱 개의 작은 원이 있는데, 각각 연금 작업 단계를 나타낸다. 왼쪽에서부터 두개골에 앉아 있는 새(흑화), 죽음의 인식, 죽은 새를 천공으로 옮기는 두 마리의 새, 왕관으로 변한 죽은 새, 재생을 암시하는 새싹, 장미과 유니콘(일각수), 부활하는 생명의 그림이 그려져 있다. 죽음에서 재생으로의 순환이 식물과 동물뿐 아니라 금속에도 있다고 믿었다.

어넣어 형태를 부여하는 역할"을 하는 작용 원인 혹은 능동적인 원리가 들어 있다고 보았다. 이를 도판으로 나타낸 것이「태양을 먹는 초록 사자」이다. 돕스는 『현자의 장미원』에 수록된「태양을 먹는 초록 사자」에 나오는 초록 사자는 미성숙한 안티몬광(휘안석), 태양은 "신플라톤주의의 세계령—뉴턴의 영적인 정액—이 지닌 생명을 부여하는 힘", 사자의 입에서 떨어지는 붉은 피는 "되살아난 수은(현자의 수은)"을 나타낸다고 해석했다.

연금술의 능동적인 원리는 뉴턴의 광학 연구에서도 중요한 위치

태양을 먹는 초록 사자: 『현자의 장미원』(1550년)에 실린 유명한 도판으로, 다양한 방식으로 해석된다. 스타니슬라스 클로소프스키 드 롤라(Stanislas Klossowski De Rola)에 따르면 사자의 초록색은 "자연 그대로의 근원 상태에 있는" 물질임을 나타내며, 이 물질에서 "유황 원소와 수은 원소가 추출된다"(『연금술』)고 한다. 융은 '남성적, 정신적인 빛과 로고스의 원리'인 태양이 물질세계(사자)에 삼켜지는 상태로 해석했다(『심리학과 연금술』). 테일러는 사자가 초록색인 이유를 "금과 은의 혼합이 불순할 때 늘 나타나는 동화합물에 의한 것"으로 보았다(『연금술사』). 파브리키우스(Johannes Fabricius)는 "초록과 금의 사자가 태양과 달을 먹자 태양과 달은 분리되어 우주적인 생명체의 배 속에서 죽었다"라고 해석했다(『연금술의 세계』).

안티몬의 별 모양 레귤러스: 『진리의 거울』 가운데 서 있는 외다리 남성은 불의 신 불카누스이고, 왼손에 안티몬의 연금술 기호가 박힌 구를 들고 있다. 구 속에 별이 있어서 이 안티몬이 별 모양 레귤러스임을 알 수 있다. 오른손에 든 것은 불꽃 철검이다. 왼쪽에서는 늑대(안티몬)가 메르쿠리우스(수은)를 먹고 있다. 17세기 제작.

를 차지했다.

뉴턴은 『광학』(1717년판) 「의문 31」에서 그가 연금술 연구에서 찾던 능동적인 원리를 그의 역학 연구에서 중요한 개념으로 다루는 중력과 동일시하며 언급했다. 천지창조 때 최초로 힘이 가해진 물질이 완전한 상태라면 관성의 법칙에 따라 영원히 운동해야 한다. 관성은 수동적인 원리이기 때문에 스스로는 새로운 운동을 만들어 낼 수 없다. 천공계에서는 불변의 운동이 지속될지도 모르지만, 지상에서는 "이 세상에서 목격되는 다양한 운동은 언제나 감소되고 있음에 의심의 여지가 없으므로 능동적인 동인(능동적인 원인)으로 운

현자의 수은: 『진리의 거울』. 중앙에서는 메르쿠리우스(여기서는 수은이 아니라 현자의 수은)가 우로보로스 위에 서서 오른손에 카두케우스(수은)를, 왼손에 창(유황)을 들고 있다. 왼쪽 사람은 태양(금)을 메르쿠리우스에게 바쳐 현자의 돌을 만들 준비를 한다. 17세기 제작.

동을 보존하고 회복할 필요가 있다". 뉴턴은 능동적인 원리가 지상의 존재에게는 필요하다는 생각을 전제로, 물질의 미세한 입자는 관성뿐 아니라 "중력이나 발효나 물질의 결합을 일으키는 동인", 즉 능동적인 원리에 의해 작동된다고 결론지었다.

뉴턴은 르네 데카르트나 가상디 등의 기계론적인 철학으로 바뀔 수 있는 연금술적, 생기론적 우주상을 표현하려고 했다. 그리고 우주를 무기적인 물질로 이루어진 세계가 아니라 신적인 능동적인

현자의 돌: 『진리의 거울』. 현자의 수은과 금으로 현자의 돌이 만들어진다. 현자의 돌은 중앙 위의 원과 삼각형으로 표현되어 있다. 삼각형 내부에서는 불이 타오른다. 그 밑에 세 왕관을 쓴 지구가 있어서 현자의 돌이 세 세계의 왕임을 나타낸다. 왼쪽에서는 지상 세계의 왕이 현자의 돌인 '붉은 왕'에게 예배하고 있다. 17세기 제작.

원리로 생명을 유지하는 살아 있는 유기체로 보았다. 이러한 사고방식의 근저에 있는 것은 금속도 식물처럼 씨앗에서 발육하여 생장한다는 연금술적인 발상으로, 뉴턴은 '식물의 생장'을 뜻하는 단어 vegetation을 금속의 생장이라는 의미로도 사용했다. 뉴턴의 능동적인 원리는 금속을 비롯한 만물의 생장을 촉진하는 생명 영기이고, 천공계의 중심인 태양에서 발산되는 빛의 본체이기도 하다. 뉴턴의 광학 연구는 능동적인 원리로서의 생명 영기를 탐구하는 연금술의 연장선 위에 있었으며, 빛을 능동적인 원리의 또 다른 형태로 보았다.

6⋯붉은 왕과 현자의 돌

왕과 왕비의 재생

연금술 작업을 왕과 왕비의 결혼 또는 재생 이야기로 표현하는 사례로 장미십자단의 제3문서 『크리스천 로젠크로이츠의 화학의 결혼』에 나오는 왕과 왕비 이야기를 들 수 있다. 왕과 왕비는 호먼쿨러스(여성은 호먼쿨러)로 부활한다. 이야기의 여섯째 날에 여섯 명의 왕과 왕비는 참수되어 올림포스 탑의 어느 섬으로 옮겨진다. 로젠크로이츠와 연금술사들은 전날부터 실험실에 틀어박혀 식물과 보석에서 정기를 추출하여 유리 용기에 넣는 등 준비 작업을 한다. 당일이 되자 7층 탑에서 연금 작업을 시작한다. 1층에서 2층으로 올라가자 샘 속에 참수당한 여섯 왕과 왕비의 시체가 들어 있다. 연금술사들은 전날 준비한 액체를 시체에 부어 용해시킨 후 그것을 황금 구에 넣는다. 탑 3층에서는 구가 태양 광선에 의해 가열되고, 이를 다이아몬드로 가르자 '하얀 알'이 나타난다. 다음으로 4층에서는 따뜻한 모래로 알을 천천히 가열하자 알에서 추하게 생긴 새가 부화하여 나온다. 이 새에게 참수당한 왕족의 피를 주자 깃털이 검은색에서 흰색, 흰색에서 얼룩무늬로 바뀐다. 5층에서는 새를 욕조에 넣자 열 때문에 새의 깃털이 모두 빠진다. 새를 욕조에서 꺼내고 남은 따뜻한 물을 더 끓이자 파란 침전물이 생겨 그 푸른 안료를

연금술적인 성찬: 슈테판 미헬슈파허의 『카발라』(1616년). 아래에서는 다섯 혹성과 금속이 모여 교차된 불꽃 검의 환영을 보고 있다. 그 위에서는 그리스도가 왕관을 쓰고 중앙에 있는 '빛의 샘' 속에 앉아 좌우의 왕(태양)과 여왕(달)에게 성배를 건네고 있다(연금술적인 성찬). 3단으로 이루어진 수조에는 화성과 금성, 목성과 토성, 수성(메르쿠리우스)이 배치되어 있다. 오른쪽 위에서는 십자가를 짊어진 그리스도한테서 흘러나온 피가 '빛의 샘'에 앉아 있는 그리스도에게 흘러들고, 왼쪽 위의 신에게서는 성령이 비둘기가 되어 '빛의 샘'에 앉아 있는 그리스도에게 내려오고 있다. 이 그림에서 연금 작업은 그리스도교적인 구제의 종교극과 오버랩된다.

새에게 바른다. 6층에서 새는 흰 뱀의 피를 마신 후 목이 비틀린다. 새의 몸을 태워 재로 만든 후 사이프러스 나무로 만들어진 상자에 넣는다.

여기에서 연금술사들은 두 그룹으로 나누어진다. 한 그룹은 7층까지 안내받고 금 제조 작업에 종사한다. 이 작업은 중요하지만, 연금술의 최종 목적이 아니다. 다른 그룹은, 로젠크로이츠도 이 특별한 그룹에 속해 있었는데, 7층 위에 있는 다락방으로 안내되어 왕과 왕비를 재생시키는 신성한 임무를 수행한다. 6층에서 준비된 새의 재에 물을 섞어 반죽을 만들고,

붉은 왕: 가짜 토마스 아퀴나스의 『연금술에 대하여』. 초록 나무 아래는 관과 죽은 사람이 있고, 죽은 사람의 영혼은 천상으로 올라간다. 관에서는 네 가지 영액이 흘러나오고 있다. 좌우에서 태양과 달이 연금술사를 지켜보고 있다. 이 도판의 중심 인물은 초록 나무 안에 그려진 '붉은 왕'이다. 연금 작업의 최종 목표인 현자의 돌을 '붉은 왕'으로 표현해놓았으며, 현자의 돌은 죽음에서 부활하는 그리스도와 동일시된다. 16세기 제작.

그것을 두 개의 소형 인간 틀에 넣는다. 그리고 그것에 새의 피를 공급하자 남녀 호먼큘러스와 호먼큘러가 차츰 커진다. 마지막으로 태양 광선이 인조인간에게 불어넣어지자, 빵 반죽에 넣은 이스트처럼 생명의 숨결을 가지기 시작한다. 이 과정이 세 번 반복되면 왕과 왕비는 재생한다.

『크리스천 로젠크로이츠의 화학의 결혼』이 시사하는 바와 같이 연금 작업의 최종 과정은 이른바 현자의 돌을 생성하는 것에 있지만, 그 구체적인 의미는 비금속을 금으로 변성하는 것이 아니라(이 작업은 7층으로 안내된 연금술사들에게 맡겨진 저차원의 작업에 지나지 않는다), 생명 창출, 즉 어떤 의미에서 신의 영역에 속한다고 할 수 있는 신

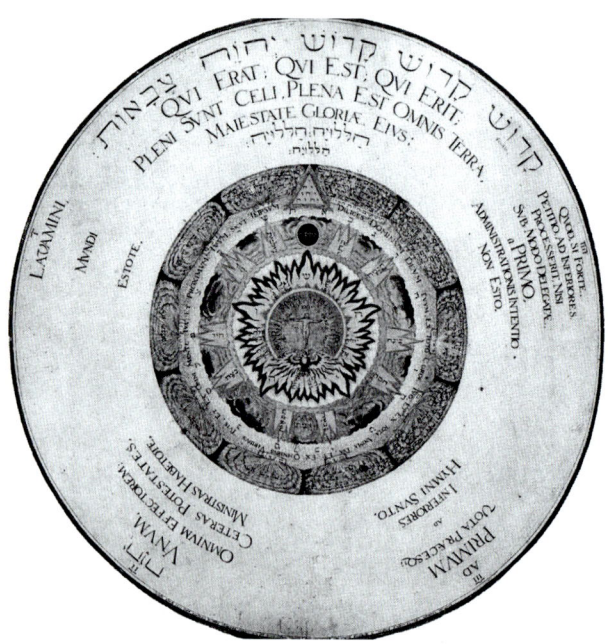

그리스도와 현자의 돌: 쿤라트의 『영원한 지혜의 원형 극장』(1595년). 카발라에서는 무한의 아인 소프로 지고신을 상징하는데, 여기에서는 그리스도가 그 위치를 차지하고 있다. 그리스도한테서 열 개의 세피로트가 방사형으로 그려져 있고, 바깥쪽에 22개의 히브리어 문자가 새겨져 있다. 더 바깥쪽에는 모세의 십계가 적혀 있다. 영성은 중심에서 바깥으로 나갈수록 감소한다.

비로운 작업이다. 중요한 것은 로젠크로이츠가 담당한 이 작업에서 태양 광선이 소형 인조인간에게 불어넣어졌을 때 '생명의 숨결'을 가지게 된다는 점이다. 태양 광선에 포함되어 있는 생명 영기가 지상에서 '생명'이라는 가장 불가사의한 존재를 탄생시키는 데 필요한 것이다. 본 장의 서두에서 언급한 바와 같이 연금술 문헌 중에서도 특별한 위치에 있는 「에메랄드 서판」의 주제는 '하나인 것'이고, 이 '하나인 것'의 본체는 프네우마, 즉 생명 영기이다. 로젠크로이츠는 태양 광선에 포함된(현자의 수은 혹은 현자의 돌 자체라고도 할 수 있다) 생명 영기를 이용하여 인조인간을 창조하는 데 성공한 것이다.

이와 같이 연금 작업의 최종 단계에서는 생명 창출이 이루어진다. 『크리스천 로젠크로이츠의 화학의 결혼』에서 새로이 태어난 인간이 '왕'과 '왕비'인 점에 주목해야 한다. 덧붙여 말하자면 연금술에서 왕과 왕비는 '붉은 왕'과 '하얀 왕비'로서 나타난다. 붉은색과 흰색은 연금 작업의 '흑화', '백화', '적화'에서 뒤의 두 단계를 말하는 것이며, 연금 작업의 최종 단계는 '붉은 왕'의 출현에 의해 완성된다고 할 수 있다.

'붉은 왕'이 탄생하는 사례로는 조지 리플리의 38행으로 이루어진 『고가(古歌)』(칸틸레나, Cantilena)가 있다. 이에 대해 융은 『결합의 신비』에서 주도면밀한 분석을 시도했다. 후계자가 없는 상태에서 죽음을 예감한 늙은 왕은 새롭게 환생하기 위해 어머니의 자궁으로 돌아갈 결심을 한다. 노왕은 어머니의 태내에서 '용해'되어 프리마 마테리아 상태가 된다. 아이를 임신한 어머니는 태아를 위해 자양분이 되라고 공작 고기를 먹고 초록 사자의 피를 마신다. 때가 되자

'붉은 아들'이 나와 기쁨으로 가득 차서 왕위를 계승한다.

뉴턴도 1680년경에 쓴 원고에서 붉은 왕의 탄생에 이르는 연금 작업을 '흑화', '백화', '적화'의 세 단계로 표현했다. 제1작업은 '흡수·동화, 부패에 의해 물질을 온갖 찌꺼기로부터 정화'하는 '흑화' 단계이다. 제2작업은 적절한 '용매' 속에서 태양과 달을 합체하면 '어린 왕'이 탄생하는 '백화' 단계이다. 제3작업은 새로이 태어난 '어린 왕'이 '부패한 물질에서 증류에 의해 추출된 젖'으로 길러져 '태양의 성질'을 강화해가는 '적화'의 단계이다. 세 작업의 구체적인 내용은 알 수 없지만, 연금 작업 진행 과정을 '어린 왕'의 탄생과 생장의 형태로 설명했다는 점이 중요하다. 흥미로운 점은 앞에서도 언급한 바와 같이 금속 안티몬을 레귤러스라고 부르는데, 레귤러스는 라틴어로 '작은 왕'이라는 뜻이다. 안티몬 변용 과정과 현자의 돌 생성 과정을 '어린 왕'이 탄생하고 생장하여 붉은 왕이 되는 이야기로 표현한 것이다.

그리스도와 현자의 돌(186페이지 그림의 확대도): 카발라적인 구조로 된 대우주에서 그 중심에 그리스도가 불사조 위에 서 있다. 쿤라트는 연금 작업의 최종 목표인 현자의 돌이 다름 아닌 그리스도라고 믿었다.

부활하는 그리스도: 『현자의 장미원』(1550년)의 마지막 그림이며, 연금 작업의 도달점이 그리스도의 부활로 표현되어 있다. 이 그림 직전에는 '현자의 아들'의 탄생, 또 그전에는 '태양을 먹는 초록 사자'가 배치되어 있어서 사자가 태양을 먹는 행위에는 초자연적인 종교적 의미가 있음을 말해준다.

왕과 왕비의 우화

출처: 살로몬 트리스모신의 『태양의 광채』

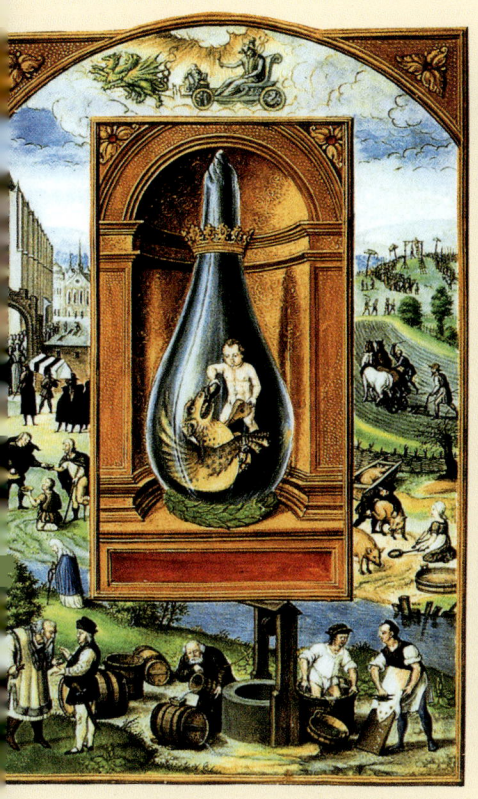 

[왼쪽 페이지] **왕과 왕비:** 태양과 달은 각각 붉은 태양과 하얀 달로 표현되었으며, 그 아래에는 붉은 옷을 입은 왕과 희푸른 드레스를 입은 왕비가 있다.

[왼쪽] **드래곤의 변용:** 메르쿠리우스인 소년이 모든 작업의 출발점이 될 드래곤의 입에 액체를 들이붓고 풀무로 가열하자 드래곤은 자신이 내뿜은 불에 의해 완전히 타버린다.

[오른쪽] **흑화·백화·적화:** 흑, 백, 적의 세 마리 새가 한데 뒤엉켜 싸운다. 흑, 백, 적은 각각 흑화, 백화, 적화의 공정을 나타낸다.

[왼쪽] **새에서 매로:** 세 마리 새가 머리가 세 개 달린 매로 변용한다.
[오른쪽] **세 마리의 드래곤:** 흑, 백, 적의 세 머리가 달린 드래곤이 된다.

[왼쪽] **공작**: 무지개 색 깃털을 지닌 공작(현자의 수은)으로 바뀐다.
[오른쪽] **흰 왕비**: 흰 왕비가 탄생했으며, 백화를 상징한다.

붉은 왕의 현현: 붉은 왕(현자의 돌)이 출현함으로써 (적화) 연금 작업이 완료된다.

『태양의 광채』

살로몬 트리스모신의『태양의 광채』는 16세기 후반에 처음으로 출판된 이후 스물두 장의 컬러 도판이 게재된 것 등을 포함하여 여러 가지 형태로 간행된 대표적인 연금술 도해서이다.『태양의 광채』의 중심이 되는 도판은 플라스크 안에서 일어나는 연금술의 물질 변용을 일곱 장의 도판으로 그린 것이다. 이 도판은 소년이 모든 작업의 출발점이 되는 드래곤(작업 재료)을 돌보는 단계에서 시작하여 흑, 백, 적의 세 마리 새가 서로를 쪼는 장면(흑, 백, 적은 각각 흑화, 백화, 적화 공정을 나타낸다), 세 마리 새가 흑, 백, 적의 세 머리가 달린 독수리, 나아가 세 머리가 달린 드래곤으로 변용하는 과정, 무지개 색 깃털을 지닌 공작으로 바뀐 후 왕비(흰 왕비)와 왕(붉은 왕)의 탄생으로 완료된다.『태양의 광채』의 주제는 제목이 나타내는 바와 같이 '태양'이 상징하는 생명 영기 또는 현자의 수은을 추출하여 고정시키는 연금 작업을 도판으로 표현하는 것에 있다. 황폐한 땅에 모습을 드러낸 검은 태양은 연금 작업의 부패를 나타내고, 다시금 광채를 되찾은 태양은 죽음으로부터 재생하는 자연을 상징한다.『태양의 광채』는「서문」에서 모든 금속의 근원은 현자의 수은이라고 분명하게 말한다. 또 저자에 관해서는 거의 알려진 바가 없으며, 살로몬 트리스모신이라는 이름은 필명일 것으로 추정된다. 독일어판(1598년)과 프랑스어판(1612년) 외에 영어판으로 윌리엄 백하우스가 번역한 옥스퍼드대학교 보들리도서관판(1618년)이 있다. 그중에서도 대영도서관판(할리 사본 3469, 1582년)은 장정이 훌륭한 채색 사본으로, 현재 널리 퍼져 있는 『태양의 광채』 컬러판 대부분이 이 판의 복제본이다.

현자의 돌은 물질에서 추출된 생명 영기이며, 물질은 영성을 회복하여 완성 단계에 도달한다. 이 과정이 붉은 왕이 출현하는 의미이고, 지상에 사는 인간이 영성을 회복하는 과정과 동일시된다. 연금술이란 "무의식 속에서의 그리스도교 신비의 계속"이고, 연금술이 지향한 것은 "영묘체, 변용 성화한 부활체, 즉 단순한 육체(물질)가 아니라 동시에 영적이기도 한 육체(물질)를 제조하는 것"(『심리학과 연금술』)이라고 융은 말했지만, 수도사가 연금술을 연구한 시대부터 이미 유럽 연금술은 필연적으로 현자의 돌을 그리스도와 동일시하는 방향으로 향할 수밖에 없었다.

『현자의 장미원』(1550년)의 마지막 도판으로 배치되어 있는 것은 「부활하는 그리스도」이다. 연금 작업의 도달점을 그리스도의 부활로 표현해놓은 점이 중요하다. 아라비아에서 연금술이 유입된 후 유럽에서는 연금술의 그리스도교화가 진행되었고, 현자의 돌이 그리스도와 동일시된 것은 어떤 의미에서 필연이었을 수 있다. 이 도판 직전에는 '현자의 아들'의 탄생, 또 그전에는 '태양을 먹는 초록 사자'가 배치되어 있어서 사자가 태양을 먹는 행위에는 초자연적인 종교적 의미가 있음을 말해준다. 「부활하는 그리스도」 도판은 1622년에 간행된 요한 밀리어스의 『개혁된 철학』에 재수록되었는데, 그리스도가 '왕'으로 모습이 바뀌어 있어서 연금술의 '왕', 즉 '붉은 왕'이 상징하는 것이 다름 아닌 그리스도임을 보여준다.

제 4 장

낭만주의에서 모더니즘 예술로

1···뵈메의 그리스도교 신지학

18세기 초반, 뉴턴이 세상을 떠날 즈음이 되면 자연과학이 천문학, 물리학, 화학, 지질학, 의학, 약학, 농학 등의 독립적인 학문으로 분화되기 시작하고, 연금술을 연금술로 연구하는 풍조는 거의 사라진다. 18세기 이후에도 명맥을 유지한 것은 야코프 뵈메로 대표되는 그리스도교 신지학적인 연금술이며, 이것이 낭만주의적인 사조에 압도적인 영향력을 끼친다.

뵈메는 1575년에 보헤미아에 인접한 독일 국경의 가난한 가정에서 태어났고, 신발 직공 도제로 일을 시작했다. 괴를리츠에 정착한 후에는 어엿한 한 사람의 신발 직공이 되어 생

야코프 뵈메: 연금술 용어를 구사하여 독창적인 그리스도교 신지학을 확립했다.

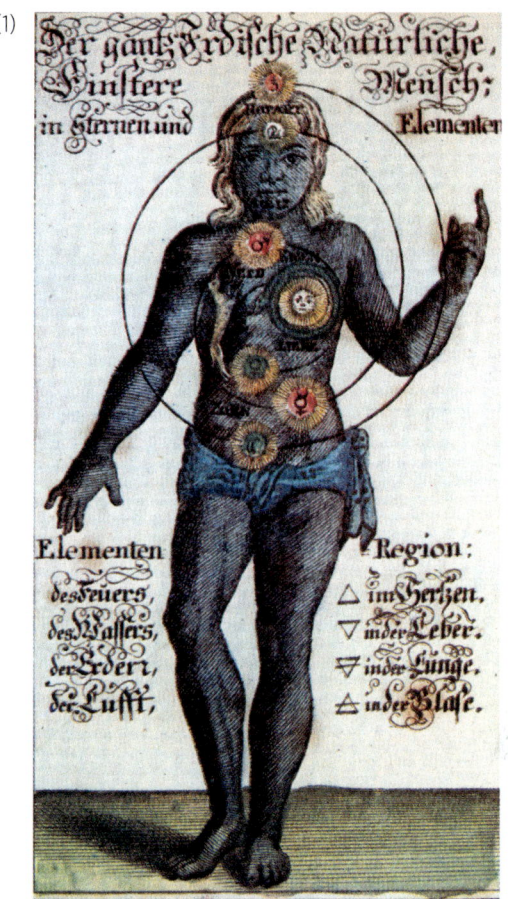

요한 게오르그 기히텔이 그린 우주적인 인간 (1): 인간 내부에도 내적 혹성이 존재한다는 파라셀수스의 생각이 뵈메에게 계승되어 인간의 죄 지음과 재생이 천체 변화로 표현되어 있다. 기히텔은 네 국면에서 이 변화를 도해했다. 이 그림은 재생 전의 지상적인 인간의 모습이다. 심장에 태양이 위치하는데, 그것을 뱀이 에워싸고 있다. 태양에서부터 금성, 화성, 수성, 목성, 달, 토성의 순서로 혹성이 나선적으로 배치되어 있으며, 각각의 기호가 표기되어 있다. 심장 반대편에 개가 그려져 있는데, 이는 태양(=영성)과 대조를 이루는 지상(=물질성)을 나타낸다. 『실천 신지학』 독일어판.

계를 꾸렸고, 결혼하여 여섯 명의 아이를 키웠다. 그러다가 1600년에 태양 빛이 접시에 반사되는 것을 보고 신적인 빛에 에워싸인 듯한 신비한 경험을 한다. 그때까지 죄와 악의 문제, 신과 그리스도의 본질에 관한 의문 등을 마음에 품고 줄곧 고뇌했는데, 일순간에 신과 혼인하는 불가사의한 경험을 함과 동시에 인간과 자연의 본질을 꿰뚫어보는 눈을 받은 것이다. 이는 어떤 의미에서 상상력의 각성이라고 할 법한 순간이었다. 1612년에 뵈메는 자신의 신비 체험을 바탕으로 『서광(Aurora)』을 썼고, 또 그 후 7년간 침묵하며 깊이

(2)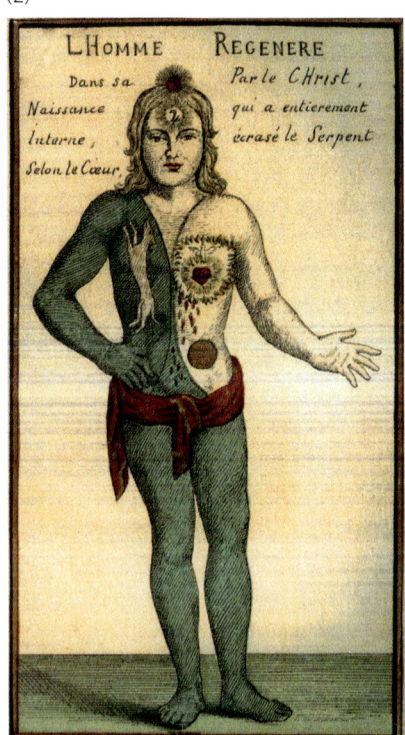

(3)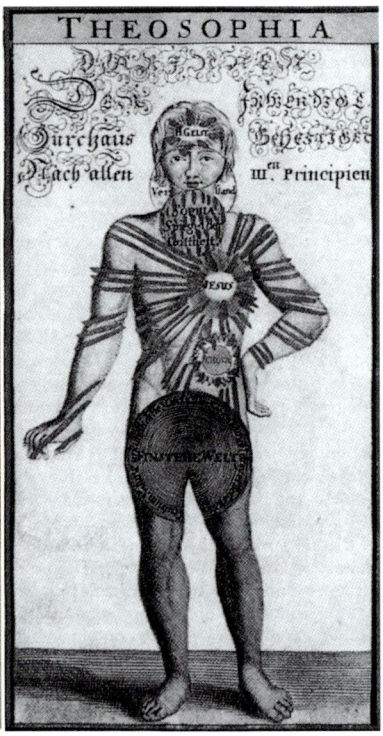

고찰하는 기간을 거쳐 『시그나투라 레룸(Signatura Rerum)』 등의 방대한 작품을 남겼다.

뵈메의 사상은, 당초 독일에서는 그리스도교 신지학에 관심을 보인 몇 명을 제외하고는 받아들이지 않았고, 오히려 네덜란드와 영국에서 호의적으로 받아들였다. 존 스패로(John Sparrow)가 1645년부터 1652년까지 7년에 걸쳐 뵈메의 주요 작품을 영어로 번역하여 영국에서 뵈메의 사상이 퍼지는 데 큰 역할을 했다. 17세기 말 뵈메주의자들은 존 포대지(John Pordage)와 제인 리드(Jane Lead)를 비롯

(4)

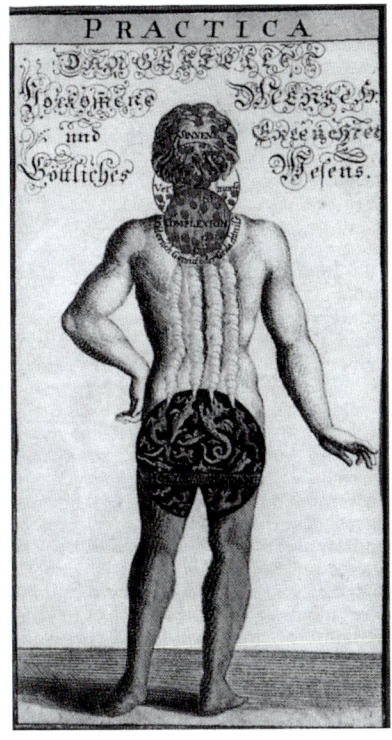

요한 게오르그 기히텔이 그린 우주적인 인간 (2): 앞 그림에 이어지는 도판으로, 재생한 인간을 나타낸다. 심장을 에워싸고 있던 뱀이 사라지고 예수가 심장 속에서 부활한다. 『실천 신지학』 프랑스어판.

요한 게오르그 기히텔이 그린 우주적인 인간 (3): 죄를 짓기 전의 인간 모습이며, 신체 각 부위와 기능의 관계는 다음과 같다. 이마는 성령, 인두(咽頭)는 소피아(지혜), 심장은 예수, 배는 여호와, 생식기는 암흑세계. 『실천 신지학』 독일어판.

요한 게오르그 기히텔이 그린 우주적인 인간 (4): 앞 그림의 뒷모습이며, 신체 각 부위와 기능의 관계는 다음과 같다. 목덜미는 감정과 사고, 머리는 성령, 항문은 지옥과 사탄. 『실천 신지학』 독일어판.

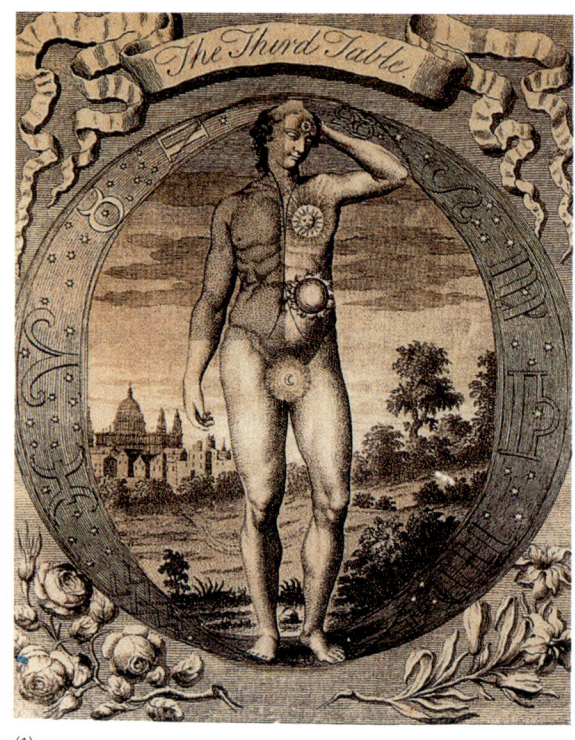

디오니시우스 안드레아스 프레허가 그린 우주적인 인간 (1): 1764년부터 1781년까지 17년에 걸쳐 간행된 윌리엄 로판 『뵈메 저작집』(총 4권)에는 프레허가 그린 도판이 수록되어 있다. 기히텔의 도판을 바탕으로 그렸으나, 더 복잡하게 구성되어 있다. 이 그림은 1772년에 간행된 제3권에 게재된 「제3표」이다.

(1)

한 그리스도교 신비주의자를 중심으로 하나의 그룹(필라델피아협회)을 형성했다. 이 협회에 케임브리지의 플라토니스트 중 한 명인 헨리 모어 등이 참여한 것으로 미루어보아 앤 콘웨이 자작 부인을 중심으로 하는 연금술 그룹과 동시에 진행된 신비주의 연구 그룹임을 알 수 있다.

스패로의 영어 번역판을 바탕으로 새로이 『뵈메 저작집』(제1권과 제2권은 1764년, 제3권은 1772년, 제4권은 1781년)이 출간되었다. 이 판의 서문을 윌리엄 로(William Law)가 썼기 때문에 로판 『뵈메 저작집』이라

(2)

디오니시우스 안드레아스 프레허가 그린 우주적인 인간 (2): 앞 그림의 날개를 펼치면 이 그림이 나타나며, 다리 쪽을 펼치면 지옥의 그림이 나오는 구조로 되어 있다. 여성상에도 여러 개의 날개가 달려 있으며, 날개를 펼치면 차례로 새로운 영역이 펼쳐지는 구조로 되어 있다.

는 이름으로 유통되었다. 독일어판으로는 네덜란드에서 금욕주의 신지학자로 활동한 요한 게오르그 기히텔(Johann Georg Gichtel)이 편집한 『뵈메 전집』(1682년, 암스테르담)이 있다. 기히텔은 『실천 신지학』(정식 제목은 『인간 내부의 세 원리와 세 세계의 간단한 계시와 방침』, 1696년)에서 난해한 뵈메 사상의 일부를 도해한 것으로도 유명하다. 이 책에는

제4장 낭만주의에서 모더니즘 예술로 203

네 장의 도판이 삽입되어 있는데, '기히텔의 우주적인 인간'인 (3)과 (4)는 죄를 짓기 전의 인간, (1)은 죄를 지은 후, (2)는 재생한 인간의 모습을 나타낸다.

로판 『뵈메 저작집』의 각 권에는 디오니시우스 안드레아스 프레허(Dionysius Andreas Freher)가 그린 뵈메 사상 도해가 수록되어 있다. 제2권에는 「열쇠(Clavis)」라는 제목의 도판 열세 장이 수록되어 있는데, 그 가운데 열 장을 「뵈메 신지학 도해」(a~j)라는 이름으로 본서에 실었다. 제3권에는 「제1표」(죄 짓기 전), 「제2표」(죄 지은 후), 「제3표」(재생)라는 세 종류의 도판이 게재되어 있고, 그 가운데 「제3표」를 「프레허가 그린 우주적인 인간」(1~2)라는 이름으로 본서에 실었다. 제4권에는 컬러 도판 한 장이 게재되어 있으며, 「프레허가 그린 천지창조」라는 이름으로 본서에 실었다. 이 도판은 제2권 「열쇠」에서 개별적으로 분석한 것을 정리한 것이며, 뵈메 신지학이 요약되어 있다. 그럼 지금부터 「프레허가 그린 천지창조」에 따라 그 내용을 간단히 살펴보겠다.

[왼쪽] **프레허가 그린 천지창조**: 윌리엄 로판 『뵈메 저작집』 제4권(1781년)에 수록된 도판으로, 뵈메 신지학의 핵심 부분을 도해한 것이다.

뵈메의 '천지창조'

뵈메의 신지학은 원초적인 근원인 영원한 '일성(一性)', 즉 '무저(無底, 심연)'에서 시작된다. 무저는 어떤 의미로도 제한받지 않는 절대성의 영역이며, 바닥도 시간도 공간도 없는 진정한 영원이다. 무저에는 내적인 힘인 욕동(慾動)이 있으며, 신은 자기실현을 하기 위해 자신 내부에 대립하는 힘, 즉 의지를 만들어냈다. 신적 영역을 나타내는 원이 도판의 위쪽에 있고, 위를 향한 삼각형과 아래를 향한 삼

> **야코프 뵈메 신지학 도해**
> a) 창조 전에는 원초적인 근원인 영원한 '일성', 즉 무저(심연)가 있었다. 무저는 어떤 의미로도 제한받지 않는 절대성의 영역이며, 바닥도 시간도 공간도 없다. 진정한 의미에서의 영원이다. 도판 a부터 j까지는 윌리엄 로판 『뵈메 저작집』 제2권(1764년)에 수록된 도판 「열쇠(Clavis)」에서 가져온 것이다.

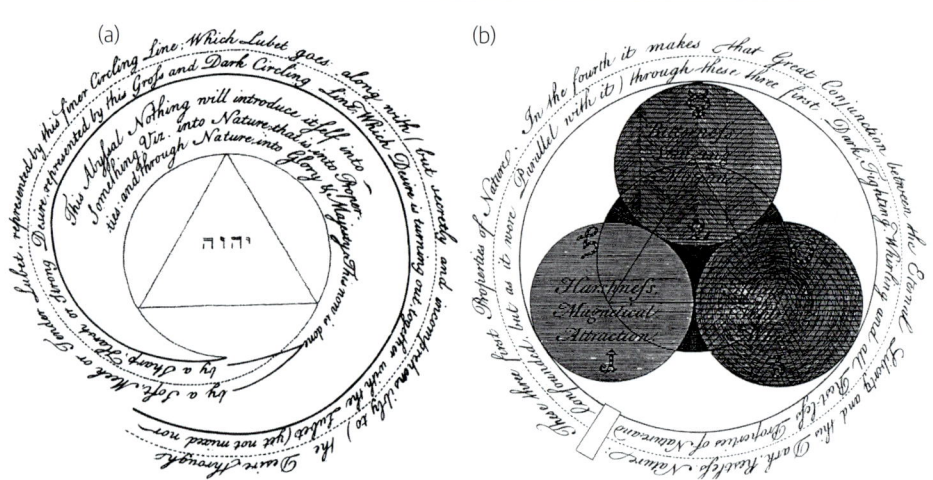

각형이 교차하는 구도로 되어 있으며, 그 중심에 S(즉 처녀 소피아)가 위치한다. 소피아(지혜)는 능동적인 성부, 성자, 성령의 삼위일체(도판에서는 원둘레에 적힌 ADONAI라는 글자로 표현되어 있다)와 달리 그 힘을 받아들여 활성화하는 수동적인 장으로서 위치하며, 연금술적으로 말하자면 남성 원리와 대조되는 여성 원리라고 할 수 있다.

천지창조는 신의 자기 전개로서 진행되는데, 먼저 일곱 개의 성질에 의해 움직이는 '영원한 자연'으로서 현현한다. 일곱 개의 성질은 제1~제3의 최초 세 성질, 즉 수축하는 '떨떠름함', 밖으로 향하

b) 무저에는 내적인 힘인 욕동이 있고, 자기실현을 하기 위해 '자기 내부에 대립하는 힘, 즉 의지력'을 만들어낸다. 이어서 일곱 개의 '성질(힘)'이 나타난다. 첫 번째 세 성질, 제1~제3의 성질은 수축하는 '떨떠름함', 밖으로 향하는 '씁쓸함', 양자의 대립으로 생겨나는 '불안'이고, 각각 연금술의 '소금', '수은', '유황'에 해당한다.
c) 계속해서 제4성질인 '불'이 생겨난다. 이 단계는 첫 번째 세 성질이 두 번째 세 성질로 바뀌는 중요한 분기점이다.
d) 두 번째 세 성질, 제5~제7의 성질인 '빛', '소리', '형태'가 창조된다.

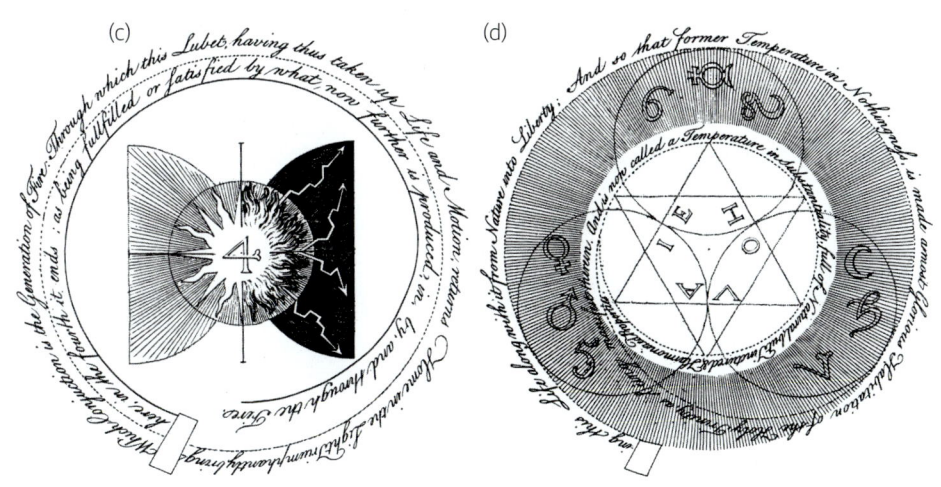

제4장 낭만주의에서 모더니즘 예술로 207

는 '쓸쓸함', 양자의 대립으로 생겨나는 '불안'으로 이루어지며, 도판에서는 오른쪽의 암흑 원으로 표현되어 있다. 제4성질은 '번개' 혹은 '섬광'이다. 암흑 원의 왼쪽에 있는 사각형을 보면 암흑의 반원과 빛의 반원이 교차하는 부분에서 섬광이 발생했고 번개 모양도 보인다. 제5~제7의 세 성질은 '애욕(빛)', '울림(소리)', '영적인 몸(형태)'이며, 도판에서는 왼쪽에 있는 빛의 원으로 표현되어 있다. 암흑의 원에는 토성, 수성, 화성 기호를 지닌 검은 삼각형, 빛의 원에는 금성, 목성, 달 기호를 지닌 하얀 삼각형이 보인다. 연금술적으로 봤을 때 암흑의 원과 빛의 원이 각각 흑화와 백화를 상징한다면 좌우의 아래에 있는 심장은 적화를 상징한다고 할 수 있다. 뵈메의 신지학이

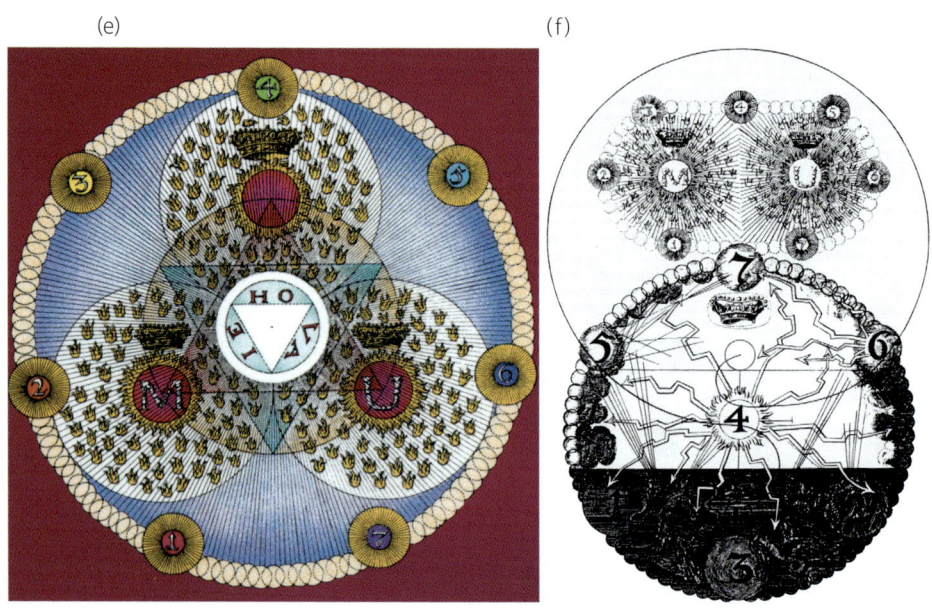

e) 이리하여 '영원한 자연'이 먼저 탄생한다. 신(여호와, IEHOVA)을 중심으로 영원한 자(천사)가 조화 속에 존재한다. M과 U는 각각 천사 미카엘과 우리엘이다.
f) 천사 루키페르의 반역으로 '악'이 생겨나 영원의 조화와 균형이 무너진다. 루키페르는 그의 군대와 함께 암흑세계로 떨어진다.
g) 신은 루키페르의 타락으로 발생한 공허를 메우기 위해 빛의 세계와 어둠의 세계 중간에 새로운 자연을 만들고 그곳을 다스릴 자, 아담(A)을 자신의 형상을 본떠 창조한다. 중심에 태양이 있고, 지구는 아래쪽에 배치되어 있다. 처음에 아담은 신과 마찬가지로 여성적 반신인 소피아와 일체화되어 있었지만, 지상적인 것에 눈을 빼앗긴 탓에 소피아가 아담한테서 분리된다.
h) 「영원한 자연」에서 벌어진 일이 다시 반복되어 아담과 이브는 죄를 짓고 에덴동산에서 추방된다. 이윽고 제2의 아담으로서 그리스도가 지상에 보내진다. 그리스도는 위쪽의 원에서 출발하여 태양과 암흑세계를 통과하고 아래쪽의 지구에 있는 아담(A)의 세계로 향한다.

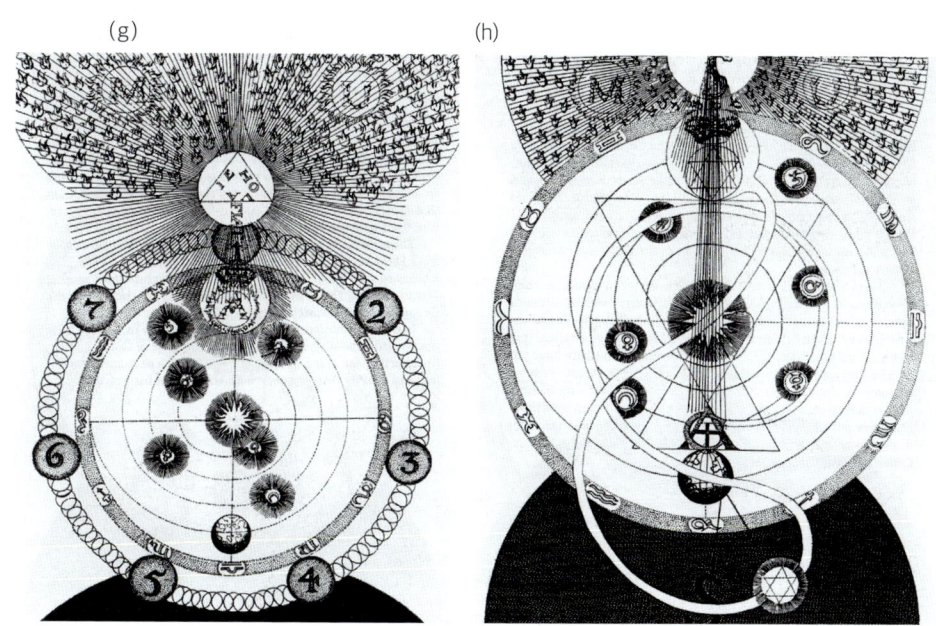

(g)　　　　　　　(h)

또한 연금술적인 양상을 띠는 것은 이 암흑의 원이 제4의 성질인 '섬광'을 거쳐 빛의 원으로 나아가는 과정이 '평범한 수은'이 '현자의 수은', 즉 메르쿠리우스로 변용하는 과정을 연상시키기 때문이다. 제4성질은 유황을 상징하는 '태양'에 해당하며, 유황과 초석의 혼합물(흑색화약)이 폭발할 때 발생하는 섬광이다. 섬광은 또한 천지창조

i) 그리스도는 십자가에 묶여 죽은 후 부활하여 천상으로 올라간다(그리스도[C]는 왕관을 쓰고 있다). 이 순간에 인간의 부활도 이루어져 다시 영광을 획득한다. 이 도판은 도해 c의 복제이며, 양쪽 모두 '불의 시련'을 통과한 후 새로운 차원으로 향한다는 점에 주의해야 한다.
j) 종말이란 잃어버린 소피아를 회복하는 순간이며 인간의 원초적인 조화가 다시 도래하는 때이다. 연금술적으로는 남성 원리(유황)가 여성 원리(수은)와 통합되어 새로운 인간으로 재생(완성)하는 순간이다. 선과 악, 천국과 지옥, 빛과 어둠, 영원과 시간, 시작과 끝은 동시에 존재하는 것이 된다. 이 그림은 그림 e와 비슷하지만, 이전에 공석이었던 곳에 그리스도 C가 위치한다는 점에서 본질적으로 다르다.

(i)　　　　　　　(j)

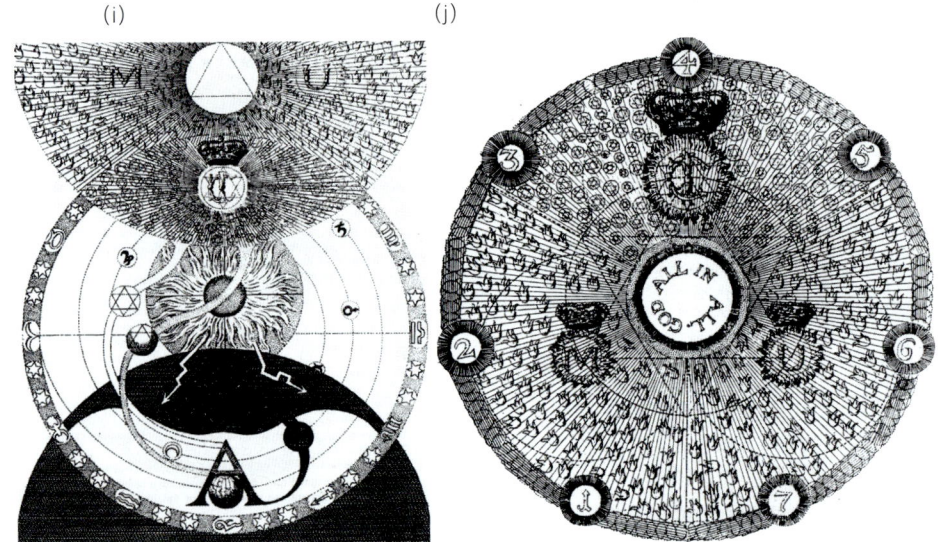

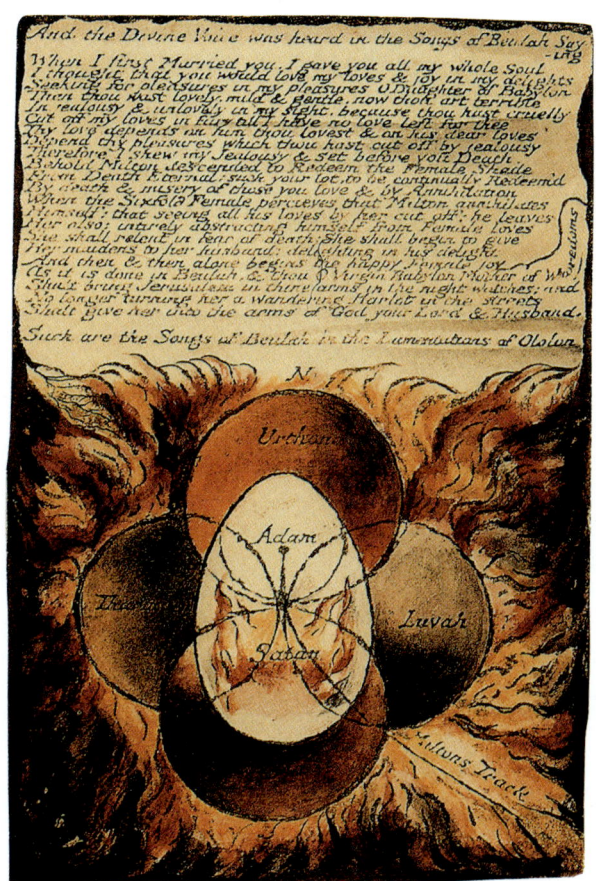

밀턴의 하강: 윌리엄 블레이크의 『밀턴』(1804-8년). 시인 밀턴의 영혼이 자기 각성을 달성하기 위해 천상계에서 지상으로 내려온다 (오른쪽 아래에서 중심으로 향한다). 지상은 우주란의 형태를 하고 있으며, 알에 아담과 사탄이라고 적혀 있다. 전체가 불꽃에 감싸여 있는 것으로 미루어보아 뵈메 신지학의 그림(c)에 나오는 '불' 시련의 의미도 담겨 있는 듯하다.

제4장 낭만주의에서 모더니즘 예술로 211

때 신이 말한 "빛 있으라"의 "빛"의 상징이기도 하다. 폭발로 옛 성질이 괴멸되고 새로운 성질이 탄생하는 과정은 연금 작업에서 부패(죽음)를 거쳐 물질이 재생하는 과정과 겹쳐진다. 뵈메는 『성서』에 나오는 천지창조 장면 앞에 이러한 '영원한 자연'의 전개가 있었을 것이라고 상정했다.

제4성질을 통해 암흑세계가 빛 세계로 바뀌는데, 천사 루키페르는 그 변화를 거부하여 영원계에서 추방된다. 신이 이를 보충하기 위해 새로운 우주를 창조하는 장면이 도판 아래에 그려진 대우주이고, 그 중심에 태양이, 아래쪽에 지구가 그려져 있다. 신은 새로운 우주의 지배자로 자신의 모습과 닮은 아담(아담 카드몬, Adam Kadmon)을 둔다. 아담은 처음에는 신과 마찬가지로 여성적 반신인 소피아와 일체화되어 있었지만, 지상적인 것에 눈을 빼앗긴 탓에 소피아가 아담한테서 분리된다. 아담에게는 새로운 반려 이브가 주어지지만, 그 과정을 통해 아담은 지상적인 인간으로 바뀐다. 이즈음에서 「창세기」의 천지창조 장면이 이어진다. 아담 창조와 제2의 죄, 에덴동산에서의 추방이 이루어진다. 이윽고 그리스도의 수육(受肉)과 수난, 재림에 의한 구제가 이어지고, 최종적으로 다시금 균형이 찾아온다.

뵈메는 전통적인 그리스도교와 달리 아담이 잃어버린 소피아가 제2의 아담인 그리스도의 '빛의 몸'으로 다시 지상에 내려온다고 생각했으며, 인간은 그리스도와 일체화됨으로써 원초의 아담과 같은 영광을 가지게 된다고 보았다. 도판에 그려진 심장은 그리스도의 붉은 피를 나타내며, 연금술적인 '성찬'을 상징한다고 하겠다.

2 ··· 낭만주의와 연금술

상상력의 각성

18세기부터 19세기 초반에 걸쳐 전 유럽적인 규모로 일어난 낭만주의 운동은 르네상스와 계몽주의에 이어 유럽 문화사에서 또 하나의 큰 꼭짓점을 이룬다. 낭만주의는 계몽주의가 지닌 이성의 한계를 극복하려는 시도로, 의미적으로 보자면 계몽주의를 부정하는 것이 아니라 계몽주의를 보완하는 방식으로 등장했다. 이때 새로이 마련된 신의 능력은 상상력이었다. 이성과 도덕은 확실히 물질적, 세속적인 측면에서 인간과 사회를 개선할 가능성을 제시할 순 있지만, 최종 목표인 신과 동일화되는 경지까지 도달하게 해주지는 못한다. 그러기 위해서는 상상력, 특히 시적 상상력의 각성이 필요하다고 보았다. 이 과정에서 특히 주목받은 것이 뵈메의 그리스도교 신지학이었다.

영국의 낭만주의 시인 윌리엄 블레이크는 그의 대표작 『천국과 지옥의 결혼』(1793년)에서 파라셀수스와 뵈메의 이름을 언급했을 뿐 아니라 "대립 없는 진보는 있을 수 없다. 양과 음, 이치와 힘, 사랑과 증오가 인간 존재에는 필요하다"라고 말하며 대립과 통합의 과정을 인간 구제 과정과 동일시했다. 블레이크는 뵈메의 최초 세 성질로 이루어진 세계를 '지옥'이라고 불렀는데, 이는 '악'한 세계가 아

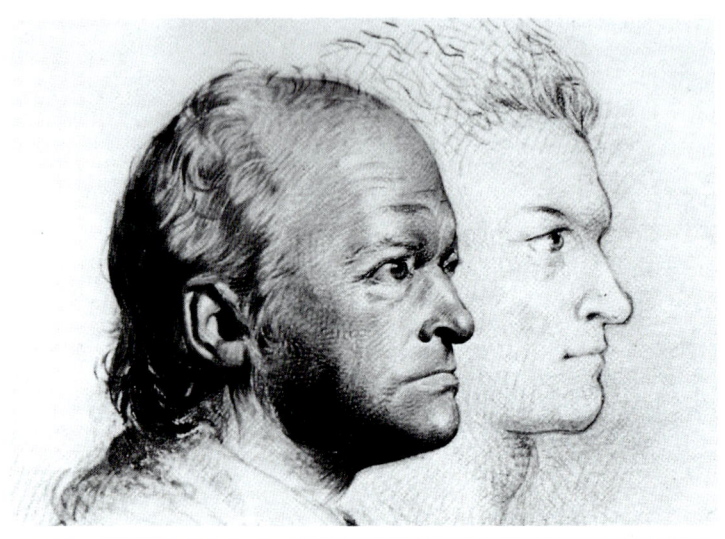

윌리엄 블레이크: 영국의 시인이자 동판화 작가 블레이크의 28세 때와 26세 때 초상. 엠마누엘 스베덴보리(Emanuel Swedenborg), 파라셀수스, 뵈메 등의 영향을 받아 『천국과 지옥의 결혼』(1793년), 『예루살렘』(1804~1820년) 등의 묵시록적인 작품을 간행했다.

니라 원초적인 충동의 세계이다. 블레이크는 이를 '힘'이라는 용어로 표현했으며, 생명의 원천으로 보았다. 뵈메 사상에서 일곱 성질이 모두 신에게 내재되어 있는 것처럼 블레이크의 천국과 지옥은 모두 인간 내부에 있으며, 생명의 원동력이 된다. 그리고 죄 지음을 경험한 인간이 '신적 인간성의 모습'을 회복하도록 준비해놓은 등장인물이 상상력을 상징하는 로스(Los는 Sol, 즉 태양을 암시한다)이다. 로스의 직업은 대장장이이고, 뵈메의 제4성질을 연상시키는 '불'을 사용하여 재생 작업을 한다. 뵈메 신지학에서 신, 아담, 그리스도 모두에게 배속되어 있는 처녀 소피아는 블레이크의 신화에서 알비

온의 분신 예루살렘으로 등장한다.

　윌리엄 워즈워스(William Wordsworth)나 새뮤얼 테일러 콜리지(Samuel Taylor Coleridge) 등이 시학의 중심에 둔 낭만주의적인 상상력도 연금술과 밀접하게 관련되어 있었다. 상상력이란 자연 깊은 곳에 숨겨진 원리를 직관하는 능력이며, 신이 행하는 천지창조의 신비가 인간에게 현현하는 것이다. 콜리지는 1798년부터 이듬해까지 독일에서 유학했는데, 그때 연구한 주요 대상은 칸트 철학과 자연철학이었다. 그는 『강의』에서 "연금술 이론은 헤라클레이토스(Heraclitus of Ephesus)의 자연학 또는 현대 독일의

신과 일체화된 인간: 블레이크의 『예루살렘』은 우주적 인간 알비온이 죄를 지은 후 험난한 시련을 극복하고 재생하는 장편시이다. 이 그림(제99도판)은 마지막 장면으로, 두 인물이 무엇을 나타내는가에 관해서는 해석이 갈린다. 신지학적으로는 화염 속에서 분신 예루살렘(뵈메의 소피아에 해당)과 재회한 알비온이 일체화되었다고 해석할 수 있다.

제4장 낭만주의에서 모더니즘 예술로　215

자연철학과 같다"라고 했다. 자연철학에서는 모든 외재적인 물질은 전기, 자력, 인력 등의 보편적인 힘(에너지)으로 이루어진다고 볼 뿐 아니라 내재적인 정신도 힘의 현현으로 이해하고자 한다. 시인과 철학자는 양쪽에 모두 침투하는 힘을 상상력으로 결합하여 자연의 숨겨진 정신을 표현하고자 했다. 연금술사가 금속에 있어서 유황과 수은이라는 대립되는 구성 요소를 전제로 한 것처럼, 낭만주의자는 자연과 인간의 각각에 있어서 대립하는 양극(주관성과 객관성)의 존재를 인정하고 그 지양을 추구한 것이다.

콜리지는 『문학적 자전』 제13장에서 상상력을 두 종류로 분류했다. 제1상상력은 "무한한 신의 영원한 창조 행위가 유한한 정신에서 반복되는 것"이고, 제2상상력은 인간 의식 영역에서 이루어지는 제1상상력의 '반향'이다. 제2상상력은 제1상상력이 지각한 이미지를 "용해(dissolve)"하여 "재창조"한다. '용해'라는 용어는 금속을 가열하여 액체화하는 것을 의미하며, '결합'이라는 용어와

새뮤얼 테일러 콜리지: 콜리지는 워즈워스와 함께 시집 『서정가요집』(1798년)을 출간했으며, 그 밖에도 독일 관념론을 영국에 소개하기도 했다. 콜리지가 시학의 중심에 둔 낭만주의적 상상력은 자연 깊은 곳에 숨겨진 생명 원리를 직관하는 능력으로, 연금술과 밀접하게 관련되어 있다.

함께 연금술의 기본적인 조작을 나타내는 말이다. 제1상상력은 연금 작업 재료를 제공하고, 제2상상력은 재료를 분해·재결합함으로써 새로운 재료로 변용하는 역할을 한다.

콜리지는 『문학적 자전』 제14장에서 시인은 "동일과 차이"나 "일반과 구상"처럼 대립되어 조화를 이루지 못하는 것을 "조화"시키는 능력을 지녔다고 말하며, 이를 구체적으로 설명하기 위해 16세기 말부터 17세기 초반까지 활약한 영국의 시인 존 데이비스(John Davies)의 시 「인간의 영혼과 그 불멸성에 관하여」를 인용했다. "그것은 불가사의한 승화(sublimation)에 의해 육체를 영으로 바꾼다. / 불이 물질을 태워 불로 바꾸는 것처럼, / 또한 우리가 음식물을 우리 몸에 맞는 물질로 바꾸는 것처럼. / 그것은 조잡한 물질에서 그 형상을 추출하여, / 물질에서 제5원소(quintessence)를 끄집어낸다." 콜리지의 상상력은 직접적으로는 프리드리히 빌헬름 요셉 폰 셸링 (Friedrich Wilhelm Joseph von

윌리엄 워즈워스: 그는 자신의 대표적인 저서 『서곡』(1805년)에서, 하늘의 숨결인 집 밖에 부는 바람에 호응하여 시인 내부에 '다정한 창조적 미풍'(상상력)이 일어나는 것을 자연과 정신의 묵시록적인 결혼이라고 했으며, 이 결혼을 통해 새로운 시대를 여는 것이 시인=예언자의 사명임을 확신했다고 말했다.

Schelling) 등의 독일 관념론 철학의 영향을 받았더라도, 그 근간에는 뵈메로 상징되는 그리스도교 신지학적인 연금술이 있었다.

신비주의적 연금술

낭만주의 시대를 대표하는 화학자 중 한 명으로 안전등을 발명한 것으로 잘 알려진 험프리 데이비(Humphry Davy)를 들 수 있다. 농업 화학을 연구했고, 그 밖에 칼륨, 나트륨, 바륨, 마그네슘, 칼슘 등을 홑원소 물질로 분리하는 것에도 성공했으며, 1820년에는 조지프 뱅크스(Joseph Banks)의 뒤를 이어 왕립협회 회장으로 취임했다. 그는 자신의 저서 『화학 철학의 원리』(1812년) 「서론」에서 연금술에 대한 어떠한 편견도 없이 연금술에서 화학으로 나아가게 된 과정을 간결한 문체로 서술했다. "실험 과학으로서의 화학의 기원은 7~8세기 이전으로는 거슬러 올라갈 수 없다"라고 지적하고 화학의 기원을 아라비아 연금술에 둔 점에서도 저자의 편견 없는 자세가 엿보인다. 로버트 사우디(Robert Southey), 콜리지, 워즈워스와 교류했으며, 본인도 시를 썼다.

『화학 철학의 원리』는 셸리(Mary Wollstonecraft Shelley)가 『프랑켄슈타인』(1818년)을 집필하기 전에 자료 삼아 읽은 것으로도 유명하다. 제네바에서 태어난 주인공 빅터 프랑켄슈타인은 "나는 무척이나 근면하게 현자의 돌과 엘릭서를 연구했다"라고 말하는 것처럼 자연에 숨겨진 비전을 알아내기 위해 르네상스 마법과 연금술에 지대한 관심을 기울인다. 빅터는 여러 시체의 신체 부위를 서로 연결하고, 그렇게 해서 만들어진 몸에 전류를 흘려 넣어 인조인간을 만들어내는 데 성공한다(보통은 괴물의 이름이 '프랑켄슈타인'인 줄 안다). 연금술의 호먼큘러스라고 하면 괴테의 『파우스트』 제2부(1831년)에 나오는 인조인간이 유명하지만, '프랑켄슈타인'도 그 시대의 연금술에 대한 관심이라는 공통된 토양에서 생겨났다고 할 수 있다.

뵈메로 상징되는 신지학적 연금술의 영향력은 빅토리아 시대에 들어선 후에도 사라지지 않았다. 연금술을 그리스도교 신지학으로 보는 방식은 예를 들면 메리 앤 애트우드(Mary Anne Atwood)의 『헤르메스 밀의(密儀)에 대한 암시적 탐구』(1850년)에서도 관찰된다. 애트우드는 연금술 실험실이란 인간 자신이며, 연금 작업을 통해 완성되는 것은 정화된 영혼이라는 것을 전제로 프리마 마테리아, 현자의 돌, 에테르, 엘릭서 등의 연금술 개념을 다시 해석했다.

메리 셸리: 『프랑켄슈타인』(1818년)의 저자 메리 셸리는 『정치적 정의』(1793년)의 저자 윌리엄 고드윈(William Godwin)과 『여성의 권리 옹호』(1792년)의 저자 메리 울스턴크래프트(Mary Wollstonecraft) 사이에서 태어났으며, 퍼시 비시 셸리(Percy Bysshe Shelley)와 결혼했다.

19세기 중반부터는 심령주의, 후반부터는 신지학협회와 황금의 여명회가 신비주의적 연금술의 계승자가 되고, 아서 에드워드 웨이트(Arthur Edward Waite)가 쓴 연금술 관련 저서 등도 나온다. 이러한 풍조의 연장선에서 융에 의해 심리학화된 연금술(『심리학과 연금술』, 1944년)이 등장한다. 융의 저서와 어깨를 나란히 하는 기념비적인 저서에 신화학자 미르체아 엘리아데(Mircea Eliade)가 쓴 『대장장이와 연금술사』(1956년)가 있는데, 엘리아데의 경우에도 학창 시절에 많은 영향을 받은 루돌프 슈타이너(Rudolf Steiner) 인지학(신지학의 분파)의 영향이 짙게 서려 있어서 둘 다 신비주의적 연금술의 흐름 속에 있다고 할 수 있다.

험프리 데이비: 낭만주의 시대를 대표하는 화학자로, 저서로는 『화학 철학의 원리』(1812년) 등이 있다. 탄광 안에서 사용하는 안전등을 발명한 것으로 유명하다. 콜리지, 워즈워스 등과 교류했으며, 본인도 시를 썼다.

무기 연고와 음악

헬몬트는 의학적인 측면에서는 파라셀수스를 따랐으며, 1621년에 『상처를 치유하는 자기에 대하여』를 출판하며 무기 연고를 옹호하는 입장에 서 있었다고 제2장에서 설명했다. 무기 연고를 주장한 사람은 파라셀수스이다. 『옥스퍼드 영어 사전』은 무기 연고를 "상처를 입힌 무기에 바르면 공감 작용에 의해 상처가 치유된다는 잘못된 믿음으로 사용된 연고"라고 정의하며, 이 용어가 처음 사용된 것은 윌리엄 포스터(William Foster)의 『무기 연고를 닦아내는 해면』(1631년)이라고 한다. 무기 연고는 오늘날에는 한낱 미신으로 치부되지만, 연금술과 사상적인 기반을 공유하므로 약간 설명이 필요할 듯싶다.

무기 연고에는 마법적인 요소가 있기 때문에 '악마적'이라며 비판한 포스터에게 즉시 반론을 제기한 사람이 로버트 플러드이다. 플러드는 1631년에 『플러드 의사가 포스터 씨에게 보낸 회답, 혹은 무기 연고를 닦아내게끔 정해져 있는 해면을 꽉 짜는 글』에서 헤르메스 사상과 신플라톤주의의 입장에서 무기 연고의 정당성을 주장했다.

무기 연고가 치유력을 발휘하는 근거로 사용되는 것은 공감 작용(sympathetic agency)이다. 무기 연고에는 부상자의 혈액이 섞여 있는데, 그것을 무기에 남은 부상자의 혈액에 바르는 것이다. 그러면 연고에 들어 있는 혈액의 생명 영기가 무기에 묻어 있는 이미 응고된 혈액에 작용하여 활성화됨으로써 그 영향이 공감 작용에 의해 멀리 떨어진 곳에 있는 부상자의 혈액에도 전달되어 결과적으로 치료된다는 논리다. "무기에 묻은 혈액이든, 표면에 아무 흔적도 남기지 않은 채 이미 무기에 스며든 혈액이든" 무기 연고에는 "그러한 혈액에 포함되어 있는 것과 같은 불가분의 본성이 포함되어 있기 때문에" 치유가 일어난다는 것이다. 플러드는 무기 연고의 치유력을 악기의 공명에 비유하며 "혈액이 든 연고와 다친 사람의 본성 사이"에 생명 영기가 작용하는 것처럼 "한쪽에 있는 류트(lute)의 현을 퉁기면 그 작용으로 이전에는 조용하고 생명이 없던 다른 쪽에 있는 류트의 현이 떨리는 것처럼" 활력이 돌아온다고 주장했다(앨런 데버스[Allen Debus]의 『근대 연금술의 역사』).

이 레토릭은, 의학적으로는 확실히 효과를 인정하기 어렵겠지만, 예술 분야에서는 낭만주의부터 모더니즘 시대에 이르기까지 적용되고 있다. 플러드가 류트를 예로 들었는데, 영국의 낭만주의 시인 새뮤얼 테일러 콜리지도 「이올리언 하프(풍명금)」(1795년)라는 시에서 창가에 두었던 류트가 미풍에 호응하여 절로 울리는 비유를 사용했다. 이 시에 "우리의 안과 밖에 있는 하나의 생명"이라는 표현이 포함되어 있어서 뵈메의 『서광』에서 관찰되는 연금술적 신지학의 영향을 받았음을 알 수 있다. 여기에서 말하는 "하나의 생명"이란 연금술에서 말하는 생명 영기와 같은 개념이다.

3···모더니즘 예술과 연금술

근대 미술에 끼친 영향

　모더니즘 예술 연구에 신비주의와 오컬티즘의 관점을 끌어들인 최초의 프로젝트는 1986년에 미국 미술비평가 모리스 터크먼(Maurice Tuchman)의 지휘하에 개최된 대규모 전람회이다. 독일의 바실리 칸딘스키(Wassily Kandinsky, 출신은 러시아), 체코의 프란티세크 쿠프카(Frank Kupka, 프랑스에서 활동), 러시아의 카지미르 말레비치, 네덜란드의 피에트 몬드리안(Piet Mondrian, 프랑스와 미국에서 활동) 등이 창조한 근대 미술에서 유럽 신비 사상의 영향이 뚜렷하게 보인다는 관점에서 19세기 말부터 20세기 후반까지의 추상 회화 역사를 재검토한 것이었다. 전시된 것은 100명이 넘는 예술가들의 작품 230점이었다. 전람회 성과는 『예술 속 영성―추상 회화 1890~1985』이라는 책으로 간행되었으며, 카렐 블로트캠프, 식스텐 링봄, 로버트 웰치, 린다 헨더슨 등 대표적인 현대 미술평론가의 논문이 수록되었다. 여기서 다룬 유럽 신비 사상으로는 신지학과 유대교 신비주의 카발라 외에 게오르기 이바노비치 구르지예프(Georgii Ivanovich Gurdzhiev), 표트르 데미아노비치 우스펜스키(Pyotr Demyanovich Uspensky), 뵈메, 피타고라스 등 다양했는데, 그중에 「마르셀 뒤샹(Marcel Duchamp)―아방가르드 연금술사」라는 논문이 있는 것처럼 연금술도 포함되었다. 연금술을 비롯한 유럽 신비 사상은 우주 만물은 살아 있으며, 하나의 근원 물질로 이루어져 있다는 전제 위에서 남성 원리와 여성 원리, 정신과 물질, 빛과 어둠 등의 대립을 통합하는 것이 목표인데, 모더니즘 예술에서도 대립물의 일치를 통한 절대성 탐구를 과제로 여긴다.

몬드리안은 『신조형주의』(1920년)에서 "예술이란 우리 안에 내재된 보편적인 것의 직접적인 표현이며, 보편적인 것이 우리 존재 바깥에 적확하게 나타난 것"이라고 말했다. 몬드리안의 예술 목표는 개별적인 것과 보편적인 것의 '균형'이며, 보편적인 것을 개별적인 것으로 표현함으로써 불변과 변화 사이에 통로를 만드는 것이다. 구체적인 조형을 말하자면 수평선과 수직선을 조합한 단순한 구조로 표현하는데, 거기에는 지상(물질)과 천상(정신)의 대립과 조화라는 연금술적인 주제가 담겨 있다. 연금 작업에서 중요한 조작은 생명 영기를 추출하는 작업이다. 추출(extraction)이란 증류 등의 조작을 통해 유효 성분(진액)을 뽑아내는 것이며, 광물에서 금속을 분리하는 과정을 뜻한다. 추상 회화의 추상(abstraction)에는 '구상의 반의어인 추상'이라는 뜻과 함께 '정수 또는 생약 추출물'이라는 뜻이 담겨 있다.

초현실주의

　초현실주의는 1916년 취리히에서 시작된 다다이즘 운동이 발전적으로 해소되는 형태로 등장한 예술 운동이며, 기욤 아폴리네르(Guillaume Apollinaire)가 만들어낸 조어에 기초하여 앙드레 브르통이 1924년에 「초현실주의 선언」을 발표했다. 그는 러시아 혁명의 성공에 기반하여 마르크스 사상을 중시했을 뿐 아니라 프로이트의 심층심리학에도 많은 영향을 받아 무의식이 움직이는 대로 순수한 정신 상태를 표현하고자 했다. 꿈과 현실이라는 본래라면 중첩될 일 없는 두 영역은 초현실주의 언어·회화 공간에서 '절대적인 현실', 즉 '초현실'에 융해됨으로써 공존하는 것이 가능해진다. 초현실주의는 '마음의 순수한 자동 현상'이라고 정의되는데, 자동 현상이라는 말은 19세기 심령주의에서 사용한 용어로, 모더니즘 예술과 오컬트 사상이 서로 밀접함을 말해준다(필자의 저서 『심령 문화사』를 참조). 처음에 문학에서 시작된 초현실주의는 막스 에른스트(Max Ernst), 이브 탕기(Yves Tanguy), 살바도르 달리(Salvador Dalí), 조르조 데 키리코(Giorgio de Chirico) 등의 초현실주의 회화로까지 활동 범위를 넓혀갔다.

　브르통은 「초현실주의 제2선언」(1930년)에서 "초현실주의의 탐구는 연금술의 탐구와 목적에 있어서 대단히 흡사하다"라며, 현자의 돌(피에르 필로소팔, Pierre philosophale)이란 "다름 아닌 인간의 상상력이 일체의 사물에 대하여 복수하는 것을 가능하게 하는 것"이라고 했다. 흥미로운 점은 브르통이 「초현실주의 제2선언」에서 니콜라 플라멜의 『상형우의도의 책』 도판 중에서 메르쿠리우스를 그린 I 과 유아 학살 IV(57페이지 참조)를 인용하며 "그야말로 초현실주의 회화 아닌가?"라고 말한 점이다. 브르통은 또 『마법적 예술』(1957년)에서 초현실주의뿐 아니라 모더니즘 예술에도 마법적인 원리가 포함돼 있다고 지적했다.

4···『로스트 심벌』의 「밀의의 손」

맨리 파머 홀

19세기 말에 창설된 신지학협회는 헬레나 페트로브나 블라바츠키(Helena Petrovna Blavatsky) 사후에 애니 베전트(Annie Besant)가 이끄는 인도파와 윌리엄 콴 저지(William Quan Judge)가 이끄는 미국파로 분열되었다. 후자의 흐름에도 다양한 분파가 있는데, 그중에 독일 신지학자 막스 하인델(Max Heindel)이 창설한 장미십자동지회가 있다. 장미십자동지회 본부는 로스앤젤레스 남쪽의 오션 사이드에 있으며, 「인체 측정」 등의 신현실주의적인 작풍의 예술가 이브 클랭(Yves Klein)이 한때 속해 있었던 것으로도 유명하다.

앙드레 브르통: 그는 「초현실주의 제2선언」(1930년)에서 "초현실주의의 탐구는 연금술의 탐구와 목적에 있어서 대단히 흡사하다"라고 했다. 꿈과 현실이라는 본래라면 중첩될 일 없는 두 영역은 초현실주의의 언어·회화 공간에서 공존할 수 있다. 뒷줄 왼쪽에서부터 브르통, 몬드리안, 뒷줄 오른쪽에서 두 번째 사람이 셀리그만이다.

하인델의 직계 제자 중에 맨리 파머 홀이 있다. 홀은 1901년에 캐나다 온타리오주 피터버러에서 태어났다. 빈사 상태에서 태어났으나, 간신히 목숨을 건진 일화가 있다. 태어나고 얼마 지나지 않았을 때 아버지가 실종되자 어머니는 그를 할머니에게 맡기고 알래스카로 갔다. 1905년에 할머니와 함께 미국으로 이사하여 시카고, 워싱턴D.C., 샌프란시스코 등을 전전하다가 1917년 뉴욕에서 보험회사 직원으로 취직했다. 1919년에 로스앤젤레스로 이사한 후 홀은 민중교회 설교사로 활동했다. 하인델은 1919년에 세상을 떠났기 때문에 당시 장미십자동지회는 그의 아내 오거스타(Augusta Foss)가 운영 중이었다. 그녀에게 재능을 인정받은 홀은 본격적으로 서양 비교 전통 연구와 강연 활동을 하기 시작했다. 그를 경제적으로 지원하는 여성 지원자도 생겨 1923년에는 일본, 미얀마, 인도, 이집트, 이탈리아 등을 여행했다. 1928년에 그의 저서 『상징 철학 대계』가 출판된 후 미국에서 비교 연구의 일인자 자리에 오르게 되었다. 1934년에는 로스앤젤레스에 철학탐구협회를 창설했는데, 여기는 연금술을 비롯한 귀중한 문헌의 거대한 보물 창고가 되었다. 1954년에는 샌프란시스코의 주얼 로지에서 프리메이슨에 가입하고, 옛날식 공인 스코틀랜드 의례의 최고 위계인 제33위계를 받았다. 1990년에 세상을 떠난 그의 연금술 컬렉션은 현재 헌팅턴 도서관에서 관리하고 있다. 홀은 평생 몇천 번의 강의를 했기 때문에 그의 저서는 강연 기록을 바탕으로 간행된 것이 많다. 20세기 로스앤젤레스는 석유 산업, 자동차, 할리우드 영화, 항공기 산업 등 미국의 번영을 향유했는데, 홀의 철학탐구협회와 그의 활동은 로스앤젤레스의 자유로운 정신 풍토를 반영한 것이라고 하겠다.

「밀의의 손」

댄 브라운(Dan Brown)의 최신작『로스트 심벌』(2009년)의 처음과 끝에 홀의『상징 철학 대계』가 인용되어 있다. 그리스도교를 비롯한 '고대 밀의' 참가 의례가 소설의 틀을 제공하고 있을 뿐 아니라 이야기가 전개되는 중요한 장면에서「밀의의 손」의 상징이 등장한다. 미국 연방의회 의사당의 큰 원형 홀에 놓인 피터 솔로몬의 절단된 오른손에는 엄지부터 새끼까지 손가락 끝에 왕관, 별, 태양, 랜턴, 열쇠 문신이 새겨져 있다. 홀은 이것이 상징하는 바를『상징 철학 대계』(제2권「비밀의 박물지」)에 써놓았는데, 이 상징은 연금술 역사에서 다양한 형태로 그려진 것이기도 하다. 다섯 상징 이외에 '물고기'와 '화염에 에워싸인 바다'도 손바닥에 그려져 있다. 각 상징이 의미하는 바는 창조되지 않은 절대적인 빛(왕관), 우주에 두루 퍼져 있는 빛(별), 창조된 빛(태양), 인간을 인도하는 지식(랜턴), 밀의의 문을 여는 도구(열쇠)이다. 왕관은 확연하게 카발라의 최고위 세피로트(Sefirot) '케테르(Keter)'를 암시하며, 이는 네 손가락이 상징하는 카발라의 네 세계에서 활동하는 '유일한 힘'이다. 이 손은 '밀의에 입문하는 자가 받는' 초대장을 의미하며, 밀의 참가자가 처음으로 이것을 볼 때는 눈이 감겨 있어서 손바닥에 그려진 물고기와 바다를 볼 수 없다. 물고기와 바다는 각각 연금술에서 수은과 유황을 나타내며,「밀의의 손」이 숨기고 있는 비밀이란 연금술의 비전 그 자체이다. 또 물고기는 예부터 그리스도의 상징이었다. "그리스어로 예수를 나타내는 신비로운 익쎠스(ICHTHUS)의 의미는 물고기이다. 성자의 반열에 오른 초기의 수많은 고위 성직자가 물고기를 그리스도의 상징으로 해석했다. 성 아우구스티누스는 그리스도를 숯불구이가 된 물고기에 비유했고, 그 물고기의 살은 정의롭고 신성한 사람들의 양식이라고 했다"(맨리 파머 홀의 『상징 철학 대계』). 다비트 테니르스의 「연금술사」 실험실에 그려진 물고기 상징도 이 물고기 형태인장을 의도한 것일지 모른다.

마지막 도판 「밀의의 손」(3)의 출처는 예일대학교에 기증된 폴 멜런(Paul Mellon)과 메어리 멜런의 연금술 컬렉션 카탈로그 『연금술과 오컬트』(1968년)이다. 폴의 아버지 앤드루 윌리엄 멜런(Andrew William

청년 맨리 파머 홀: 막스 하인델이 창설한 장미십자동지회는 1920년 즈음에는 그의 아내 오거스타가 운영하고 있었다. 그녀에게 재능을 인정받은 홀은 본격적으로 서양 비교 연구와 강연 활동을 하기 시작한다.

Mellon)은 멜런 내셔널 은행의 회장으로, 존 록펠러(John Davison Rockefeller)와 헨리 포드(Henry Ford)하고 어깨를 나란히 하는 미국의 거부이자 멜런 재벌 창립자이다. 1921년부터 1932년까지 재무장관을 했으며, 그 밖에 미술품 수집가로서도 활동하여 1937년에 워싱턴D.C.에 내셔널갤러리(국립 미술관)를 설립했다. 미국의 대표적인 프리메이슨으로서도 유명하며, 『로스트 심벌』에 등장하는 피터 솔로몬(미국 유수의 대부호이자 프리메이슨이라는 설정)의 모델도 앤드루 윌리엄 멜런일 수 있다. 아들 폴 멜런이 물려받은 연금술 컬렉션에 「밀의의 손」 도판이 포함되어 있었기 때문에 『로스트 심벌』에서 피터 솔로몬의 '손'이 「밀의의 손」으로 등장하는 게 단순한 우연으로 느껴지지 않는다.

만년의 맨리 파머 홀: 그는 1928년에 대작 『상징 철학 대계』를 출판하고, 미국에서 서양 비교(秘敎, 에소테리시즘) 연구의 일인자가 된다. 1934년 로스앤젤레스에 창설한 철학탐구협회는 연금술을 비롯한 귀중한 문헌의 거대한 보물창고가 되었다. 홀 사후에 연금술 컬렉션은 헌팅턴도서관으로 이양되었다.

밀의의 손 (1): 홀은 이 상징을 『상징 철학 대계』(제2권 「비밀의 박물지」)에 수록해놓았다. 왕관, 별, 태양, 랜턴, 열쇠의 다섯 상징 이외에 '물고기'와 '화염에 에워싸인 바다'가 손바닥에 그려져 있다. 댄 브라운의 『로스트 심벌』의 처음과 끝에 홀의 『상징 철학 대계』가 인용되어 있는데, 미국 연방의회 의사당에 놓인 피터 솔로몬의 절단된 오른손은 이 그림을 염두에 둔 설정인 듯하다.

밀의의 손 (2): 작가는 홀란두스라는 이름으로 알려진 연금술사 이사크(Johann Isaac Hollandus)이다. 15세기 네덜란드에서 활약한 아버지와 아들 연금술사로, 상세한 것은 알려지지 않았다.

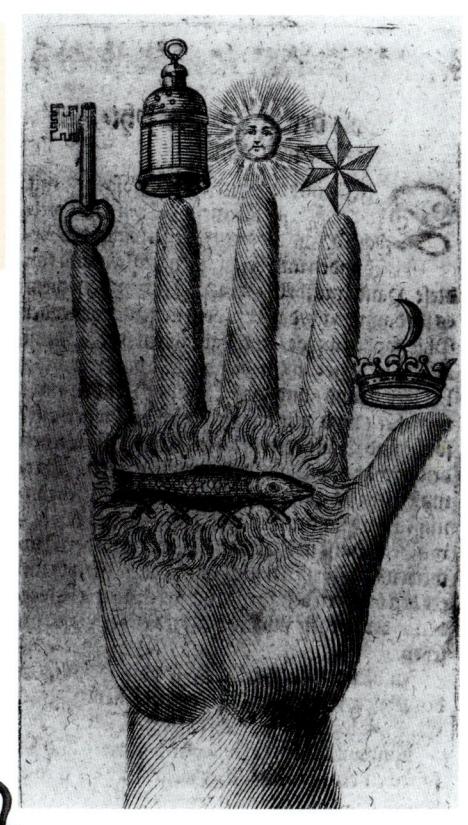

밀의의 손 (3): '밀의의 손'이 '현자의 알'인 플라스크 안에 그려져 있다. 손가락 위에 그려진 상징은 같지만, 물고기가 새끼손가락 왼쪽에 그려져 있다.

제4장 낭만주의에서 모더니즘 예술로 233

후기

 2010년 12월 27일 밤, 「제9교향곡」 초연이 이루어진 1824년을 중심으로 해서 베토벤과 악보 베끼는 일을 시키기 위해 고용한 여성 안나의 교감을 그린 미국·헝가리 합작 영화 『카핑 베토벤』(감독 아그네츠카 홀란드, 주연 에드 해리스, 2006년)이 NHK-BS에서 방영되었다. 클라이맥스는 「제9교향곡」 연주가 끝난 순간, 베토벤이 귀가 들리지 않는 탓에 모두가 기립박수를 침에도 이를 눈치채지 못하는, 그 유명한 장면이다. 몇 초간이긴 했으나 정적이 흐른다. 뒤돌아보고 나서야 겨우 베토벤은 관객의 열광에 호응한다. 「제9교향곡」이 작곡·초연된 19세기 초반의 빈을 생생하게 담아낸 영상도 볼 만했다. 베토벤은 악보를 베끼는 조수가 아니라 이제는 제자가 된 안나에게 "공기의 진동은 신의 숨결이다. 영혼에 말을 거는 음악은 신의 말이다"라고 하는데, 음악과 신성이 밀접하게 관련되어 있음을 분명하게 보여주는 것이 이 영화의 제작 의도임을 알게 해주는 대사였다. 신의 숨결이란 우주에 충만해 있는 '생명 영기' 그 자체이며, 현자의 돌의 본체이다. 「제9교향곡」은 프리메이슨 음악으로서도 잘 알려져 있는데, 연금술적인 주제의 변주로 볼 수도 있다.
 2011년 5월에는 런던에 열흘간 머물며 대영도서관, 런던대학교 중앙도서관, 과학도서관, 바르부르크연구소 도서관, 웰컴도서관 등을 중심으로 연금술과 모더니즘 예술 관련 자료 조사를 했다. 대영도서관을 제외한 나머지 네 도서관은 지하철 유스턴역과 러셀스퀘어역 사이의 몇 블록에 집중적으로 배치되어 있어서 다 걸어서 이동할 수 있다. 서적을 비롯한 옛것을 소중히 보관·관리하여 사람들에게 잘 제공하려는 국민성을 가지고 있어서 400년 전에 출판된 희귀본도(단, 절차를 거쳐야 하지만) 직접 손으로 들고 읽어볼 수 있다. 연금술과 관련하여 흥미로운 곳은 지하철 사우스켄싱턴역 근처에 있는 자연사박물관이다. 그곳의 일각을 차지하는 지질학박물관에 광물 관련 표본이 다양하게 전시되어 있다. 『마법의 제국』에서 에번스(Robert John Weston Evans)는 현자의 돌 탐구가 "1570년부터 약 반세기 동안 정점에 달했다"라고 하는데, 연금술이 절정기를 맞이한 이 시기에 각광받은 금속은 『안티몬 개선 전차』(1604년)의 제목에도 나온 안티몬이었다. 지질학박물관 입구에서 마치 모든 표본을 대표하는 듯이 방문객을 제일 먼저 맞이한 것이 기둥 모양의 결정이 아름다운 안티몬광(휘안석)이다. 관내에는 붉은 결정이 특징적인 진사를 비롯하여 각종 금속과 보석 표본이 전시되어 있다. 땅 위의 식물에 피는 꽃과 달리 금속은 땅속에 피는 '꽃(!)'이라고 하던데, 이 말을 실감할 수 있었다. 전시품 중에 다소 작기는 했지만, 또 하나의 안티몬광(ichinokawa, shikoku라고 표시되어 있었음)이 포함되어 있었는데, 이것은 일본 에히메현 이치노카와 광산에서 산출된 최상품이었다.

 마지막으로 가와데쇼보신샤(河出書房新社) 편집부의 와타나베 후미에 씨에게 기획 단계에서부터 많은 신세를 졌을 뿐 아니라 구성과 표현에 대해서도 귀한 조언을 많이 받았습니다. 이 자리를 빌려 감사를 표하고 싶습니다.

2011년 겨울
요시무라 마사카즈

연금술사 약연표(略年表)

622	무함마드(마호메트)의 메디나 성천(聖遷, 이슬람력 원년)
786	하룬 알 라시드의 칼리프 취임(~809), 이슬람 문화의 전성기
815경	자비르 이븐 하이얀(게베르) 몰(沒, 721년경~)
925	알라지(라제스) 몰(865~)
1037	이븐 시나(아비켄나) 몰(980~)
1099	제1차 십자군 전쟁, 예루살렘 점령
1144	체스터의 로버트『연금술의 구성』번역
1280	알베르투스 마그누스 몰(1200년경~)
1294	로저 베이컨 몰(1215년경~)
1311	아르노 드 빌뇌브 몰(1240~)
1315경	라몬 율 몰(1235년경~)
1317	교황 요한 22세가 연금술 금지령을 내림
1418	니콜라 플라멜 몰(1330년경~)
1445경	구텐베르크가 활판인쇄기를 발명
1463	피치노가『헤르메스 선집』을 라틴어로 번역
1471	리플리『연금술의 구성』
1477	노턴『연금술 규칙서』
1490경	리플리 몰(1415년경~)
1492	콜럼버스 산살바도르섬 도착
1513	노턴 몰(1433년경~)
1517	루터의「95개조 논제」, 독일 종교개혁 시작
연금술 전성기	
1527	파라셀수스, 파젤시 의사가 됨
1533	피사로, 페루 정복. 대량의 금과 은이 유럽으로 유입
1534	예수회 창설
• 1541	파라셀수스 몰(1493~)
1556	아그리콜라『금속에 대하여』

1558	엘리자베스 1세 즉위. 브뤼헐 1세 「연금술사」
1564	디 『상형문자의 단자』
1576	루돌프 2세, 신성로마제국 황제로 즉위
1581	네덜란드 독립 선언
1584	디, 프라하 방문
1588	스페인 무적함대 패배
1595	쿤라트 『영원한 지혜의 원형극장』 초판
1597	리바비우스 『연금술』
1600	뵈메, 신비 체험. 케플러, 프라하로. 영국 동인도회사 설립
1602	쿤라트 『영원한 지혜의 원형극장』 개정증보판. 네덜란드 동인도회사 설립
1603	엘리자베스 1세 몰, 제임스 2세 즉위(스튜어트 왕조 창시)
1604	센디보기우스 『연금술의 새로운 빛』. 톨덴 편집 『발렌티누스의 안티몬 개선 전차』
1605	쿤라트 몰(1560년경~)
1609	디 몰(1527~)
1610	존슨 『연금술사』 초연
1612	뵈메 『서광(Aurora)』. 루돌프 2세 몰(1552~)
1614	『우애단의 명성』
1615	『우애단의 고백』
1616	『크리스천 로젠크로이츠의 화학의 결혼』
1617	플러드 『양우주지=대우주지』
1618	마이어 『황금의 삼각대』, 『달아나는 아탈란타』. 독일 30년 전쟁(~1648)
1619	프리드리히 5세, 보헤미아 국왕 즉위(~1620)
1622	마이어 몰(1568~). 밀리어스 『개혁된 철학』
1624	뵈메 몰(1575~)
1637	플러드 몰(1574~)
1641	모레이, 프리메이슨 가입
1642	청교도혁명 시작(~1649)
1644	반 헬몬트 몰(1579~)
1645	『뵈메 저작집』 영어판(~1652)
1646	애슈몰, 프리메이슨 가입
1648	테니르스 「연금술사」. 반 헬몬트 『의학의 기원』
1649	찰스 1세 처형, 공화정 수립

1650	본 『신마법적 인지학』
1652	애슈몰 『영국의 화학 극장』
1654	앙드레에 몰(1586~)
1660	왕정 복고, 찰스 2세 즉위, 왕립협회 창설
1661	보일 『회의적인 화학자』
1665	스타키 몰(1628~)
1667	밀턴 『실낙원』
1677	알투스 『침묵의 서』
1687	뉴턴 『자연철학의 수학적 원리』
1688	명예혁명
1691	보일 몰(1627~)
1690	테니르스 몰(1610~)
1717	프리메이슨, 그랜드 로지(Grand Lodge) 설립
1727	뉴턴 몰(1642~)
1764	로판 『뵈메 저작집』 제1권, 제2권
1772	로판 『뵈메 저작집』 제3권
1781	로판 『뵈메 저작집』 제4권
1793	블레이크 『천국과 지옥의 결혼』
1812	데이비 『화학 철학의 원리』
1817	콜리지 『화학적 자전』
1850	애트우드 『헤르메스 밀의에 대한 암시적 탐구』
1885	베르틀로 『연금술의 기원』
1928	홀 『상징 철학 대계』
1937	연금술·초기화학사학회지 『암빅스』 간행
1944	융 『심리학과 연금술』
1949	테일러 『연금술사』
1956	엘리아데 『대장장이와 연금술사』
1972	예이츠 『장미십자의 각성』
1973	에번스 『마법의 제국』
1975	돕스 『뉴턴의 연금술』
1977	데버스 『근대 연금술의 역사』
1980	웨스트폴 『뉴턴』
1994	뉴먼 『게헤나의 불』

문헌 해제—일본에 연금술이 소개된 흐름

일본에 연금술이 소개된 것은 1960년대부터이다. 1960년대에 연금술을 다룬 책으로는 셔우드 테일러의 『연금술사』(1960년)와 커트 셀리그만(Kurt Seligmann)의 『마법』(1961년) 정도밖에 없었다. 번역가는 두 책 모두 과학기술사 연구자 히라타 유타카(平田寬)이다. 테일러는 1937년에 간행된 연금술·초기화학사학회지 『암빅스』의 편집자로 이름을 올린 저명한 과학사가이고, 런던 과학박물관장도 역임했다. 1956년에 세상을 떠났을 때는 영국 화학자 홈야드가 『암빅스』에 테일러 추모 기사를 게재했다. 그 기사에 따르면 테일러가 연금술에 관심을 가진 계기는 "토머스 본이나 윌리엄 블레이크와 같은 시인들이 신비학에 열중"했기 때문이라고 한다. 한편, 스위스 출신 미술평론가 셀리그만과 '마법'의 관계는, 의외라고 생각할 수도 있지만, 그가 20세기 전반에 초현실주의 화가로서 출발한 것에 주목할 필요가 있다. 초현실주의적인 모더니즘 예술의 사상적인 배경에는 마법과 연금술이 있는데, 셀리그만의 『마법』은 예술가들에게 정보원으로서의 역할을 했다. 이 두 권의 책에 이어서 요시다 미쓰쿠니(吉田光邦)의 『연금술—선술(仙術)과 과학 사이』(1963년)가 간행되었는데, 하나같이 1960년대에는 연금술 소개가 과학기술의 역사 전문가에 의해 이루어졌음을 보여준다.

1970년대에 들어서자 연금술 소개는, 프랑스 문학자 시부사와 다쓰히코(澁澤龍彦, 1928~1978년)와 독일 문학자 다네무라 스에히로(種村季弘, 1933~2004년)로 대표되는 것처럼, 문학 연구와 미술 비평의 관점에서 이루어졌다. 시부사와 다쓰히코는 『악덕의 번영』을 비롯한 이단적인 문학을 번역해 소개하는 한편, 악마학과 박물학, 미술 평론 등의 분야에서 유럽 문화를 다시금 연구했다. 연금술 연구와 관련해서는 초현실주의와의 관계를 논한 「앙드레 브르통—초현실주의와 연금술의 전통」 등의 논고가 있다. 다네무라 스에히로는 『파라셀수스의 세계』(1977년)와 구스타프 호케(Gustav Hocke)의 『문학에서의 마니에리슴』(1977년)을 비롯하여 문학, 미술, 연극 등의 분야에서 번역·평론 활동을 펼쳤다. 1970년대에는 또 프랑스 문학자 아리타 다다오(有田忠郎)에 의해 연금술 서적이 번역·소개되었다. 세르주 위탱(Serge Hutin)의 『연금술』(1972년) 외에, 1977년부터 1979년까지 햇수로 3년에 걸쳐 르네 알로(René Alleau)가 감수한 『헤르메스 총서』(전 7권) 번역서가 간행되었다. 제1권은 『상형우의의 책, 현자의 술수 개요, 소망의 소망』이며, 시부사와 다쓰히코가 쓴 총서 소개 팸플릿에도 브르통과 초현실주의의 관계가 소개되어 있다. 1970년대에 일어난 사건 하나를 더 들자면 칼 구스타프 융의 『심리학과 연금술』(1976년) 번역서가 간행된 것이다. 원본은 이미 30년도 전에 출판되었지만, 연금술의 근원을 연금술사 본인의 투영 체험으로 본 융의 해석은 연금술에 대한 새로운 관심을 불러일으켰다. 그 후 종교학, 신화학의 관점에서 연구한 미르체아 엘리아데의 연구가 소개되었다.

　미술사, 심리학, 신화학 등의 관점에서 시작하여 차례로 새로운 측면을 보여주던 연금술은 1980년대가 되면 다시 마법적인 측면에서 연구되기 시작한다. 그러한 역할을 한 상징적인 저서는 런던대학교 바르부르크연구소를 중심으로 해서 르네상스 정신사 연구에 기존과는 완전히 다른 관점을 제시한 프랜시스 예이츠(Frances Yates)의 『장미십자의 각성』(1986년)이다. 연금술을 헤르메스=카발라적인 전통, 즉 서양 비교(秘敎, esotericism)의 흐름에 다시 두고, 이 흐름 속에서 조슬린 고드윈의 『교향하는 이콘』(1987년), 웨인 슈메이커(Wayne Shumaker)의 『르네상스의 오컬트학』(1987년), 에번스의 『마법의 제국』(1988년), 피터 프렌치(Peter French)의 『존 디』(1989년) 등을 차례로 소개했다.

　1990년대에 들어서면 연금술 연구는 화학사 분야에서 본격적으로 소개되기 시작한다. 대표적인 저서로는 돕스의 『뉴턴의 연금술』(1995년)과 앨런 데버스의 『근대 연금술의 역사』(2000년)가 있다. 돕스는 또 『연금술사 뉴턴』(2000년)이라는 책도 썼는데, 셀 수 없을 정도로 방대한 아이작 뉴턴의 연금술 원고를 분석함으로써 연금술의 관점에서 새로운 뉴턴의 상을 제시했다. 현재는 돕스의 연구가 일부 수정되었지만, 열리지 않은 문과 같던 원고 연구에 하나의 방향을 제시했다는 점에서 기념비적인 책이라고 할 수 있다. 연금술 도상(圖像) 연구 분야에서는 스타니슬라스 클로소프스키 드 롤라의 저서 『연금술 도상 대전』(1993년)이 소개되었다.

　21세기에 들어선 오늘날에 연금술 연구의 기둥을 이루는 것은 화학사 분야의 로버트 보일이나 조지 스타키 등의 연금술 실험 자료를 객관적, 실증적으로 검증하고자 한 윌리엄 뉴먼(William Newman)

과 로렌스 프린시페(Lawrence Principe)의 연구이다. 이러한 연구들의 특징은 칼 융이나 예이츠 등의 신비주의적인 색채가 짙은 연금술 연구를 19세기 오컬티즘과 연관되는 것으로 과소평가하는 것이다. 하지만 이러한 경향도 때가 되면 다시 원래대로 돌아가지 않을까 하고 예상한다. 60년 전에 테일러는 "심리학 자료로서만 보면 연금술의 진정한 의의를 오해하게 된다"라며 융의 연금술을 비판했지만, 다른 한편으로 연금술을 "다름 아닌 물질적인 화학으로 다루는 것은 의심할 여지 없이 잘못이다"라고 경고한다. 연금술뿐 아니라 계시 종교를 세속화함으로써 형성된 유럽 문화는 그 근저에서 신비주의와 합리주의가 공존하기 때문에 어느 한쪽을 빼고는 전체적인 모습을 파악할 수 없다.

참고 문헌

- F. 셔우드 테일러(F. Sherwood Taylor), 『연금술사: 근대 화학의 창설자들(錬金術師: 近代化学の創設者たち)』(히라타 유타카(平田寬) 번역, 지쿠마쇼보(筑摩書房), 1960년 / 히라타 유타카(平田寬)·오쓰키 신이치로(大槻眞一郎) 번역, 진분쇼인(人文書院), 1978년)
- 커트 셀리그만(Kurt Seligmann), 『마법- 그 역사와 정체(魔法― その歷史と正体)』(히라타 유타카(平田寬) 번역, 헤이본샤(平凡社), 1961년 / 진분쇼인(人文書院), 1991년)
- 요시다 미쓰쿠니(吉田光邦), 『연금술―선술과 과학 사이(錬金術― 仙術と科学の間)』(주코신쇼(中公新書), 1963년)
- 게오르기우스 아그리콜라(Georgius Agricola), 『DE RE METALLICA』(사이구사 히로토(三枝博音) 번역, 『근세 기술의 집대성(近世技術の集大成)』수록, 이와사키학술출판사(岩崎学術出版社), 1968년)
- 세르주 위탱(Serge Hutin), 『연금술(錬金術)』(아리타 다다오(有田忠郎) 번역, 하쿠스이샤(白水社), 1972년)
- 벤 존슨(Ben Jonson), 『연금술사(錬金術師)』(오바 겐지(大場建治) 번역, 난운도(南雲堂), 1975년)
- 카를 G. 융(Carl G. Jung), 『심리학과 연금술(心理学と錬金術)』전 2권 (이케다 고이치(池田紘一)·가마타 미치오(鎌田道生) 번역, 진분쇼인(人文書院), 1976년)
- 니콜라스 플라멜(Nicolas Flamel), 『상형우의의 책, 현자의 술수 개요, 소망의 소망(象形寓意図の書, 賢者の術概要, 望みの望み)』(아리타 다다오(有田忠郎) 번역, 하쿠스이샤(白水社), 1977년)
- 구스타프 호케(Gustav Hocke), 『문학에서의 마니에리슴― 언어연금술 및 비교적 조합술(文学におけるマニエリスム― 言語錬金術ならびに秘教的組み合わせ術)』(다네무라 스에히로(種村季弘) 번역, 겐다이시초샤(現代思潮社), 1977년)
- 다네무라 스에히로(種村季弘), 『파라셀수스의 세계(パラケルススの世界)』(세이도샤(青土社), 1977년)
- 스타니슬라스 클로소프스키 드 롤라(Stanislas Klossowski de Rola), 『연금술― 정신 변용의 비술(錬金術― 精神変容の秘術)』(다네무라 스에히로(種村季弘) 번역, 헤이본샤(平凡社), 1978년)
- 앙리 마스페로(Henri Maspero), 『도교(道教)』(가와카쓰 요시오(川勝義雄) 번역, 헤이본샤(平凡社), 1978년)

- 맨리 파머 홀(Manly Palmer Hall), 『상징 철학 대계(象徵哲学大系)』전 4권 (오누마 다다히로(大沼忠弘) 공역, 진분쇼인(人文書院), 1980-81년)
- 아이작 뉴턴(Isaac Newton), 『광학(光学)』(시마오 나가야스(島尾永康) 번역, 이와나미분코(岩波文庫), 1983년)
- 요한 야코비(Johann Jacobi) 편저, 『파라셀수스― 자연의 빛(パラケルスス― 自然の光)』(오하시 히로시(大橋博司) 번역, 진분쇼인(人文書院), 1984년)
- 프랜시스 예이츠(Frances Yates), 『장미십자의 각성(薔薇十字の覚醒)』(야마시타 도모(山下知夫) 번역, 고사쿠샤(工作舎), 1986년)
- 조슬린 고드윈(Joscelyn Godwin), 『교향하는 이콘― 플러드의 신성우주지(交響するイコン― フラッドの神聖宇宙誌)』(요시무라 마사카즈(吉村正和) 번역, 헤이본샤(平凡社), 1987년)
- 웨인 슈메이커(Wayne Shumaker), 『르네상스의 오컬트학(ルネサンスのオカルト学)』(다구치 세이치(田口清一) 번역, 헤이본샤(平凡社), 1987년)
- R. J. W. 에번스(R. J. W. Evans), 『마법의 제국― 루돌프 2세와 그 세계(魔術の帝国― ルドルフ二世とその世界)』(나카노 하루오(中野春夫) 번역, 헤이본샤(平凡社), 1988년)
- 피터 프렌치(Peter French), 『존 디― 엘리자베스 시대의 마술사(ジョン・ディー― エリザベス朝の魔術師)』(다카하시 마코토(高橋誠) 번역, 헤이본샤(平凡社), 1989년)
- 『그리스도교 신비주의 저작집 제13권― 야코프 뵈메(キリスト教神秘主義著作集 第13巻― ヤコブ・ベーメ)』(난바라 미노루(南原実) 번역, 교분칸(教文館), 1989년)
- 『인도 연금술(インド錬金術)』(사토 다모쓰(佐藤任)・고모리타 세이코(小森田精子) 번역, 도호출판(東方出版), 1989년)
- 크리스토퍼 매킨토시(Christopher McIntosh), 『장미십자단(薔薇十字団)』(요시무라 마사카즈(吉村正和) 번역, 헤이본샤(平凡社), 1990년)
- S. K. 헤닝거 주니어(S. K. Heninger Jr.), 『천구의 음악― 피타고라스 우주론과 르네상스 시학(天球の音楽― ピュタゴラス宇宙論とルネサンス詩学)』(야마다 고시(山田耕士) 번역, 헤이본샤(平凡社), 1990년)
- 스타니슬라스 클로소프스키 드 롤라(Stanislas Klossowski De Rola), 『연금술 도상 대전(錬金術図像大全)』(이소다 도미오(磯田富夫)・마쓰모토 나쓰키(松本夏樹) 번역, 헤이본샤(平凡社), 1993년)
- 요한 안드레아(Johann V. Andreae), 『화학의 결혼(化学の結婚)』(다네무라 스에히로(種村季弘) 번역, 기노쿠니야쇼텐(紀伊國屋書店), 1993년)
- 리처드 웨스트폴(Richard Westfall), 『아이작 뉴턴(アイザック・ニュートン)』(다나카 이치로(田中一郎)・오타니 다카노부(大谷隆昶) 번역, 헤이본샤(平凡社), 1993년)
- 『그리스도교 신비주의 저작집 제16권― 근대의 자연 신비 사상(キリスト教神秘主義著作集 第16巻― 近代の自然神秘思想)』(나카이 아야코(中井章子) 공역, 교분칸(教文館), 1993년)
- B. J. T. 돕스(B. J. T. Dobbs), 『뉴턴의 연금술(ニュートンの錬金術)』(데라시마 에쓰오(寺

島悅恩) 번역, 헤이본샤(平凡社), 1995년)
- 요하네스 파브리치우스(Johannes Fabricius), 『연금술의 세계(錬金術の世界)』 (오타키 게이스케(大瀧啓裕) 번역, 세이도샤(青土社), 1995년)
- 카를 G. 융(Carl G. Jung), 『결합의 신비(結合の神秘)』 전 2권 (이케다 고이치(池田紘一) 번역, 진분쇼인(人文書院), 1995-2000년)
- J. 포벨(J. Fauvel) 편저, 『뉴턴 부활(ニュートン復活)』 (히라노 요이치(平野葉一) 공역, 겐다이스가쿠샤(現代数学社), 1996년)
- E. J. 홀마이어드(E. J. Holmyard), 『연금술의 역사 — 근대 화학의 기원(錬金術の歴史 — 近代化学の起源)』 (오누마 마사노리(大沼正則) 감수, 아사쿠라쇼텐(朝倉書店), 1996년)
- 가레스 로버츠(Gareth Roberts), 『연금술 대전(錬金術大全)』 (메라 기미카즈(目羅公和) 번역, 도요쇼린(東洋書林), 1999년)
- 앨런 데버스(Allen Debus), 『근대 연금술의 역사(近代錬金術の歴史)』 (가와사키 마사루(川崎勝)·오타니 다쿠시(大谷卓史) 번역, 헤이본샤(平凡社), 1999년)
- B. J. T. 돕스(B. J. T. Dobbs), 『연금술사 뉴턴(錬金術師ニュートン)』 (오타니 다카노부(大谷隆昶) 번역, 미스즈쇼보(みすず書房), 2000년)
- L. E. 설리번(L. E. Sullivan), 『엘리아데 오컬트 사전(エリアーデ・オカルト事典)』 (쓰루오카 요시오(鶴岡賀雄) 공역, 호조칸(法藏館), 2002년)
- 아서 그린버그(Arthur Greenberg), 『통쾌 화학사(痛快化学史)』 (와타나베 다다시(渡辺正)·히사무라 노리코(久村典子) 번역, 아사쿠라쇼텐(朝倉書店), 2006년)
- 『그리스도교 신비주의 저작물 제14권 — 17·18세기의 뵈미스트들(キリスト教神秘主義著作集第14巻 — 十七·十八世紀のベーミストたち)』 (오카베 유조(岡部雄三)·가도와키 유키코(門脇由紀子) 번역, 교분칸(教文館), 2010년)
- 오카베 유조(岡部雄三), 『야코프 뵈메와 신지학의 전개(ヤコブ・ベーメと神智学の展開)』 (이와나미쇼텐(岩波書店), 2010년)

(본서에서는 그 밖에 다음과 같은 문헌을 인용했다)
- 『앙드레 브르통 집성 제5권(アンドレ・ブルトン集成第5巻)』 (이쿠타 고사쿠(生田耕作)·다부치 신야(田淵晋也) 번역, 진분쇼인(人文書院), 1970년)
- 제프리 초서(Geoffrey Chaucer), 『캔터베리 이야기(カンタベリ物語)』 (니시와키 준사부로(西脇順三郎) 번역, 지쿠마쇼보(筑摩書房), 1972년)
- 『헤르메스 문서(ヘルメス文書)』 (아라이 사사구(荒井献)·시바타 유(柴田有) 번역, 아사히출판사(朝日出版社), 1980년)
- 존 밀턴(John Milton), 『실낙원(失楽園)』 (히라이 마사오(平井正穂) 번역, 이와나미분코(岩波文庫), 1981년)
- 후쿠나가 미쓰지(福永光司), 『도교와 고대 일본(道教と古代日本)』 (진분쇼인(人文書院),

1987년)
- 피에트 몬드리안(Piet Mondrian), 『새로운 조형[신조형주의]』(新しい造形[新造形主義])』 (미야지마 히사오(宮島久雄) 번역, 주오코론미술출판사(中央公論美術出版), 1991년)

도판 출전 문헌

- Ian MacPhail, ed., *Alchemy and the Occult. A Catalogue of Books and Manuscripts from the Collection of Paul and Mary Mellon given to the Yale University Library* (Yale University Press, 1968)
- Stanislas Klossowski de Rola, *Alchemy* (Thames and Hudson, 1973)
- Manly P. Hall, *Codex Rosae Crucis* (The Philosophical Research Society, 1974)
- Johannes Fabricius, *Alchemy* (The Aquarian Press, 1976)
- William Vaughan, *William Blake* (Thames and Hudson, 1977)
- Fred Gettings, *The Occult in Art* (Rizzoli, 1978)
- Joscelyn Godwin, *Athanasius Kircher* (Thames and Hudson, 1979)
- Joscelyn Godwin, *Robert Fludd* (Thames and Hudson, 1979)
- Solange de Mailly Nesle, *Astrology: History, Symbols and Signs* (Inner Traditions International, 1981)
- Maurice Tuchman et al., *The Spiritual in Art: Abstract Painting 1890-1985* (Abbeville, 1986)
- John Fauvel et al, eds., *Let Newton Be!* (Oxford University Press, 1988)
- Stanislas Klossowski de Rola, *The Golden Game: Alchemical Engravings of the Seventeenth Century* (Thames and Hudson, 1988)
- *Gnosis: A Journal of the Western Inner Traditions*, No. 8 (Lumen Foundation, 1988)
- Joscelyn Godwin, ed., *Michael Maier's Atalanta Fugiens* (Phanes Press, 1989)
- Adam McLean, *A Commentary on the Mutus Liber* (Phanes Press, 1991)
- Adam McLean, ed., *Splendor Solis by Salomon Trismosin* (Phanes Press, 1991)
- Adam McLean, ed., *The 'Key' of Jacob Boehme* (Phanes Press, 1991)
- Zbigniew Szydlo, *Water Which Does Not Wet Hands: The Alchemy of Michael Sendivogius* (Polish Academy of Sciences, Institute for the History of Science, 1994)
- Antoine Faivre, *Eternal Hermes: From Greek God to Alchemical Magus* (Phanes Press, 1995)
- Andrea De Pascalis, *Alchemy: The Golden Art* (Gremese International, 1995)
- Adam Hart-Davis, *What the Tudors & Stuarts Did For Us* (Boxtree, 2002)

- Carlos Gilly and Cis van Heertum, eds., Magic, *Alchemy, and Science 15th-18th Centuries: The Influence of Hermes Trismegistus* (Centro Di, 2005)
- Bruce Moran, *Distilling Knowledge* (Harvard University Press, 2005)
- Alexander Roob, *The Hermetic Museum: Alchemy and Mysticism* (Taschen, 2006)
- Arthur Greenberg, *From Alchemy to Chemistry in Picture and Story* (Wiley-Interscience, 2007)
- Matilde Battistini, *Astrology, Magic, and Alchemy in Art* (The J. Paul Getty Museum, 2007)
- Tobias Churton, *Invisibles: The True History of the Rosicrucians* (Lewis Masonic, 2009)

(이하의 연구서와 사전도 참고가 된다)
- John Reidy, ed., *Thomas Norton's Ordinal of Alchemy* (Oxford University Press, 1975)
- Charles Nicholl, *The Chemical Theatre* (Routledge & Kegan Paul, 1980)
- Nicholas Clulee, *John Dee's Natural Philosophy: Between Science and Religion* (Routledge, 1988)
- Mark Haeffner, *The Dictionary of Alchemy* (The Aquarian Press, 1991)
- William Newman, *Gehennical Fire: The Lives of George Starkey, an American Alchemist in the Scientific Revolution* (Cambridge University Press, 1994)
- Ralph White, ed., *The Rosicrucian Enlightenment Revisited* (Lindisfarne Books, 1999)
- Urszula Szulakowska, *The Alchemy of Light: Geometry and Optics in Late Renaissance Alchemical Illustration* (Brill, 2000)
- Lyndy Abraham, *A Dictionary of Alchemical Imagery* (Cambridge University Press, 2001)
- William Newman and Anthony Grafton, eds., *Secrets of Nature: Astrology and Alchemy in Early Modern Europe* (The MIT Press, 2001)
- Lawrence Principe, *Transmutations: Alchemy in Art* (Chemical Heritage Foundation, 2002)
- William Newman and Lawrence Principe, *Alchemy Tried in the Fire: Starkey, Boyle, and the Fate of Helmontian Chemistry* (The University of Chicago Press, 2002)
- Wouter Hanegraaff, ed., *Dictionary of Gnosis and Western Esotericism* (Brill, 2006)
- Urszula Szulakowska, *Alchemy in Contemporary Art* (Ashgate, 2011)

창작을 위한 자료집
AK 트리비아 시리즈

-AK TRIVIA BOOK

No. 01 도해 근접무기
오나미 아츠시 지음 | 이창협 옮김
검, 도끼, 창, 곤봉, 활 등 냉병기에 대한 개설

No. 02 도해 크툴루 신화
모리세 료 지음 | AK커뮤니케이션즈 편집부 옮김
우주적 공포인 크툴루 신화의 과거와 현재

No. 03 도해 메이드
이케가미 료타 지음 | 코트랜스 인터내셔널 옮김
영국 빅토리아 시대에 실존했던 메이드의 삶

No. 04 도해 연금술
쿠사노 타쿠미 지음 | 코트랜스 인터내셔널 옮김
'진리'를 위해 모든 것을 바친 이들의 기록

No. 05 도해 핸드웨폰
오나미 아츠시 지음 | 이창협 옮김
권총, 기관총, 머신건 등 개인 화기의 모든 것

No. 06 도해 전국무장
이케가미 료타 지음 | 이재경 옮김
무장들의 활약상, 전국시대의 일상과 생활

No. 07 도해 전투기
가와노 요시유키 지음 | 문우성 옮김
인류의 전쟁사를 바꾸어놓은 전투기를 상세 소개

No. 08 도해 특수경찰
모리 모토사다 지음 | 이재경 옮김
실제 SWAT 교관 출신의 저자가 소개하는 특수경찰

No. 09 도해 전차
오나미 아츠시 지음 | 문우성 옮김
지상전의 지배자이자 절대 강자 전차의 힘과 전술

No. 10 도해 헤비암즈
오나미 아츠시 지음 | 이재경 옮김
무반동총, 대전차 로켓 등의 압도적인 화력

No. 11 도해 밀리터리 아이템
오나미 아츠시 지음 | 이재경 옮김
군대에서 쓰이는 군장 용품을 완벽 해설

No. 12 도해 악마학
쿠사노 타쿠미 지음 | 김문광 옮김
악마학 발전 과정을 한눈에 알아볼 수 있게 구성

No. 13 도해 북유럽 신화
이케가미 료타 지음 | 김문광 옮김
북유럽 신화 세계관의 탄생부터 라그나로크까지

No. 14 도해 군함
다카하라 나루미 외 1인 지음 | 문우성 옮김
20세기 전함부터 항모, 전략 원잠까지 해설

No. 15 도해 제3제국
모리세 료 외 1인 지음 | 문우성 옮김
아돌프 히틀러 통치하의 독일 제3제국 개론서

No. 16 도해 근대마술
하니 레이 지음 | AK커뮤니케이션즈 편집부 옮김
마술의 종류와 개념, 마술사, 단체 등 심층 해설

No. 17　도해 우주선
모리세 료 외 1인 지음 | 이재경 옮김
우주선의 태동부터 발사, 비행 원리 등의 발전 과정

No. 18　도해 고대병기
미즈노 히로키 지음 | 이재경 옮김
고대병기 탄생 배경과 활약상, 계보, 작동 원리 해설

No. 19　도해 UFO
사쿠라이 신타로 지음 | 서형주 옮김
세계를 떠들썩하게 만든 UFO 사건 및 지식

No. 20　도해 식문화의 역사
다카하라 나루미 지음 | 채다인 옮김
중세 유럽을 중심으로, 음식문화의 변화를 설명

No. 21　도해 문장
신노 케이 지음 | 기미정 옮김
역사와 문화의 시대적 상징물, 문장의 발전 과정

No. 22　도해 게임이론
와타나베 타카히로 지음 | 기미정 옮김
알기 쉽고 현실에 적용할 수 있는 입문서

No. 23　도해 단위의 사전
호시다 타다히코 지음 | 문우성 옮김
세계를 바라보고, 규정하는 기준이 되는 단위

No. 24　도해 켈트 신화
이케가미 료타 지음 | 곽형준 옮김
켈트 신화의 세계관 및 전설의 주요 인물 소개

No. 25　도해 항공모함
노가미 아키토 외 1인 지음 | 오광웅 옮김
군사력의 상징이자 군사기술의 결정체, 항공모함

No. 26　도해 위스키
츠치야 마모루 지음 | 기미정 옮김
위스키의 맛을 한층 돋워주는 필수 지식이 가득

No. 27　도해 특수부대
오나미 아츠시 지음 | 오광웅 옮김
전장의 스페셜리스트 특수부대의 모든 것

No. 28　도해 서양화
다나카 쿠미코 지음 | 김상호 옮김
시대를 넘어 사랑받는 명작 84점을 해설

No. 29　도해 갑자기 그림을 잘 그리게 되는 법
나카야마 시게노부 지음 | 이연희 옮김
멋진 일러스트를 위한 투시와 원근법 초간단 스킬

No. 30　도해 사케
키미지마 사토시 지음 | 기미정 옮김
사케의 맛을 한층 더 즐길 수 있는 모든 지식

No. 31　도해 흑마술
쿠사노 타쿠미 지음 | 곽형준 옮김
역사 속에 실존했던 흑마술을 총망라

No. 32　도해 현대 지상전
모리 모토사다 지음 | 정은택 옮김
현대 지상전의 최첨단 장비와 전략, 전술

No. 33　도해 건파이트
오나미 아츠시 지음 | 송명규 옮김
영화 등에서 볼 수 있는 건 액션의 핵심 지식

No. 34　도해 마술의 역사
쿠사노 타쿠미 지음 | 김진아 옮김
마술의 발생시기와 장소, 변모 등 역사와 개요

No. 35　도해 군용 차량
노가미 아키토 지음 | 오광웅 옮김
맡은 임무에 맞추어 고안된 군용 차량의 세계

No. 36　도해 첩보·정찰 장비
사카모토 아키라 지음 | 문성호 옮김
승리의 열쇠 정보! 첩보원들의 특수장비 설명

No. 37　도해 세계의 잠수함
사카모토 아키라 지음 | 류재학 옮김
바다를 지배하는 침묵의 자객, 잠수함을 철저 해부

No. 38　도해 무녀
토키타 유스케 지음 | 송명규 옮김
한국의 무당을 비롯한 세계의 샤머니즘과 각종 종교

No. 39 도해 세계의 미사일 로켓 병기
사카모토 아키라 | 유병준·김성훈 옮김
ICBM과 THAAD까지 미사일의 모든 것을 해설

No. 40 독과 약의 세계사
후나야마 신지 지음 | 진정숙 옮김
독과 약의 역사, 그리고 우리 생활과의 관계

No. 41 영국 메이드의 일상
무라카미 리코 지음 | 조아라 옮김
빅토리아 시대의 아이콘 메이드의 일과 생활

No. 42 영국 집사의 일상
무라카미 리코 지음 | 기미정 옮김
집사로 대표되는 남성 상급 사용인의 모든 것

No. 43 중세 유럽의 생활
가와하라 아쓰시 외 1인 지음 | 남지연 옮김
중세의 신분 중「일하는 자」의 일상생활

No. 44 세계의 군복
사카모토 아키라 지음 | 진정숙 옮김
형태와 기능미가 절묘하게 융합된 군복의 매력

No. 45 세계의 보병장비
사카모토 아키라 지음 | 이상언 옮김
군에 있어 가장 기본이 되는 보병이 지닌 장비

No. 46 해적의 세계사
모모이 지로 지음 | 김효진 옮김
다양한 해적들이 세계사에 남긴 발자취

No. 47 닌자의 세계
야마키타 아츠시 지음 | 송명규 옮김
온갖 지혜를 짜낸 닌자의 궁극의 도구와 인술

No. 48 스나이퍼
오나미 아츠시 지음 | 이상언 옮김
스나이퍼의 다양한 장비와 고도의 테크닉

No. 49 중세 유럽의 문화
이케가미 쇼타 지음 | 이은수 옮김
중세 세계관을 이루는 요소들과 실제 생활

No. 50 기사의 세계
이케가미 슌이치 지음 | 남지연 옮김
기사의 탄생에서 몰락까지, 파헤치는 역사의 드라마

No. 51 영국 사교계 가이드
무라카미 리코 지음 | 문성호 옮김
빅토리아 시대 중류 여성들의 사교 생활

No. 52 중세 유럽의 성채 도시
가이하쓰샤 지음 | 김진희 옮김
궁극적인 기능미의 집약체였던 성채 도시

No. 53 마도서의 세계
쿠사노 타쿠미 지음 | 남지연 옮김
천사와 악마의 영혼을 소환하는 마도서의 비밀

No. 54 영국의 주택
야마다 카요코 외 지음 | 문성호 옮김
영국 지역에 따른 각종 주택 스타일을 상세 설명

No. 55 발효
고이즈미 다케오 지음 | 장현주 옮김
미세한 거인들의 경이로운 세계

No. 56 중세 유럽의 레시피
코스트마리 사무국 슈 호카 지음 | 김효진 옮김
중세 요리에 대한 풍부한 지식과 요리법

No. 57 알기 쉬운 인도 신화
천축 기담 지음 | 김진희 옮김
강렬한 개성이 충돌하는 무아와 혼돈의 이야기

No. 58 방어구의 역사
다카히라 나루미 지음 | 남지연 옮김
방어구의 역사적 변천과 특색·재질·기능을 망라

No. 59 마녀 사냥
모리시마 쓰네오 지음 | 김진희 옮김
르네상스 시대에 휩쓸린 '마녀사냥'의 광풍

No. 60 노예선의 세계사
후루가와 마사히로 지음 | 김효진 옮김
400년 남짓 대서양에서 자행된 노예무역

No. 61 말의 세계사
모토무라 료지 지음 | 김효진 옮김
역사로 보는 인간과 말의 관계

No. 62 달은 대단하다
사이키 가즈토 지음 | 김효진 옮김
우주를 향한 인류의 대항해 시대

No. 63 바다의 패권 400년사
다케다 이사미 지음 | 김진희 옮김
17세기에 시작된 해양 패권 다툼의 역사

No. 64 영국 빅토리아 시대의 라이프 스타일
Cha Tea 홍차 교실 지음 | 문성호 옮김
영국 빅토리아 시대 중산계급 여성들의 생활

No. 65 영국 귀족의 영애
무라카미 리코 지음 | 문성호 옮김
영애가 누렸던 화려한 일상과 그 이면의 현실

No. 66 쾌락주의 철학
시부사와 다쓰히코 지음 | 김수희 옮김
쾌락주의적 삶을 향한 고찰과 실천

No. 67 에로만화 스터디즈
나가야마 카오루 지음 | 선정우 옮김
에로만화의 역사와 주요 장르를 망라

No. 68 영국 인테리어의 역사
트레버 요크 지음 | 김효진 옮김
500년에 걸친 영국 인테리어 스타일

No. 69 과학실험 의학 사전
아루마 지로 지음 | 김효진 옮김
기상천외한 의학계의 흑역사 완전 공개

No. 70 영국 상류계급의 문화
아라이 메구미 지음 | 김정희 옮김
어퍼 클래스 사람들의 인상과 그 실상

No. 71 비밀결사 수첩
시부사와 다쓰히코 지음 | 김수희 옮김
역사의 그림자 속에서 활동해온 비밀결사

No. 72 영국 빅토리아 여왕과 귀족 문화
무라카미 리코 지음 | 문성호 옮김
대영제국의 황금기를 이끌었던 여성 군주

No. 73 미즈키 시게루의 일본 현대사 1~4
미즈키 시게루 지음 | 김진희 옮김
서민의 눈으로 바라보는 격동의 일본 현대사

No. 74 전쟁과 군복의 역사
쓰지모토 요시후미 지음 | 김효진 옮김
풍부한 일러스트로 살펴보는 군복의 변천

No. 75 흑마술 수첩
시부사와 다쓰히코 지음 | 김수희 옮김
악마들이 도사리는 오컬티즘의 다양한 세계

No. 76 세계 괴이 사전 현대편
아사자토 이츠키 지음 | 현정수 옮김
세계 지역별로 수록된 방대한 괴담집

No. 77 세계의 악녀 이야기
시부사와 다쓰히코 지음 | 김수희 옮김
악녀의 본성과 악의 본질을 파고드는 명저

No. 78 독약 수첩
시부사와 다쓰히코 지음 | 김수희 옮김
역사 속 에피소드로 살펴보는 독약의 문화사

No. 79 미즈키 시게루의 히틀러 전기
미즈키 시게루 지음 | 김진희 옮김
거장이 그려내는 히틀러 56년의 생애

No. 80 이치로 사고
고다마 미쓰오 지음 | 김진희 옮김
역경을 넘어서는 일류의 자기관리

No. 81 어떻게든 되겠지
우치다 다쓰루 지음 | 김경원 옮김
우치다 다쓰루의 '자기다움'을 위한 인생 안내

No. 82 태양왕 루이 14세
사사키 마코토 지음 | 김효진 옮김
루이 14세의 알려지지 않은 실상을 담은 평전

No. 83　이탈리아 과자 대백과
　　사토 레이코 지음 ｜ 김효진 옮김
　　전통과 현대를 아우르는 이탈리아 명과 107선

No. 84　유럽의 문장 이야기
　　모리 마모루 지음 ｜ 서수지 옮김
　　유럽 문장의 판별법과 역사를 이해

No. 85　중세 기사의 전투기술
　　제이 에릭 노이즈, 마루야마 무쿠 지음 ｜ 김정규 옮김
　　검술 사진으로 알아보는 기사의 전투 기술

No. 86　서양 드레스 도감
　　리디아 에드워즈 지음 ｜ 김효진, 이지은 옮김
　　유럽 복식사 500년을 장식한 드레스

No. 87　발레 용어 사전
　　도미나가 아키코 지음 ｜ 김효진 옮김
　　일러스트를 곁들여 흥미롭게 들려주는 발레 이야기

No. 88　세계 괴이 사전 전설편
　　에이토에후 지음 ｜ 현정수 옮김
　　세계 곳곳에서 전해지는 신비한 전설!

No. 89　중국 복식사 도감
　　류융화 지음 ｜ 김효진 옮김
　　중국 복식의 역사를 한 권에 담은 최고의 입문서!

No. 90　삼색 고양이 모부는
　　　　캔 부자가 되고 싶어
　　쿠로야마 캐시 램 지음 ｜ 조아라 옮김
　　독립적인 고양이를 향한 모부의 도전 이야기

No. 91　마녀의 역사
　　Future Publishing 지음 ｜ 강영준 옮김
　　풍부한 자료로 알아보는 마녀의 어두운 진실!

No. 92　스타워즈 라이트세이버 컬렉션
　　대니얼 월리스 지음 ｜ 권윤경 옮김
　　전설의 무기 라이트세이버의 장대한 역사

No. 93　페르시아 신화
　　오카다 에미코 지음 ｜ 김진희 옮김
　　인간적인 면이 돋보이는 페르시아 신화의 전모

No. 94　스튜디오 지브리의 현장
　　스즈키 도시오 지음 ｜ 문혜란 옮김
　　프로듀서 스즈키 도시오가 공개하는 지브리의 궤적

No. 95　영국의 여왕과 공주
　　Cha Tea 홍차 교실 지음 ｜ 김효진 옮김
　　영국 왕실의 초석을 쌓은 여성들의 22가지 이야기

No. 96　전홍식 관장의 판타지 도서관
　　전홍식 지음
　　판타지의 거의 모든 것을 살펴보는 방대한 자료

No. 97　주술의 세계
　　Future Publishing 지음 ｜ 강영준 옮김
　　다양한 시각 자료로 알아보는 주술의 역사와 이론

No. 98　메소포타미아 신화
　　야지마 후미오 지음 ｜ 김정희 옮김
　　인류에게 많은 유산을 남긴 최초의 문명 이야기

No. 99　일러스트 공룡 대백과
　　G. Masukawa 지음 ｜ 김효진 옮김
　　풍부한 일러스트로 공룡의 이모저모를 완전 해부.

No. 100　고대 로마 글래디에이터의 세계
　　스티븐 위즈덤 지음 ｜ 문성호 옮김
　　로마 검투사의 실제 일상과 훈련, 장비 등을 상세 해설.

No. 101　우에다 신의 도해 한국전쟁
　　우에다 신 지음 ｜ 강영준 옮김
　　한국전쟁 참전국들의 병기를 치밀한 일러스트로 소개.

No. 102　총기 대전
　　가노 요시노리 지음 ｜ 오광웅 옮김
　　과학의 시점에서 파고드는 총의 본질

-AK TRIVIA SPECIAL

환상 네이밍 사전
신키겐샤 편집부 지음 | 유진원 옮김
의미 있는 네이밍을 위한 1만3,000개 이상의 단어

중2병 대사전
노무라 마사타카 지음 | 이재경 옮김
중2병의 의미와 기원 등, 102개의 항목 해설

크툴루 신화 대사전
고토 카츠 외 1인 지음 | 곽형준 옮김
대중 문화 속에 자리 잡은 크툴루 신화의 다양한 요소

문양박물관
H. 돌메치 지음 | 이지은 옮김
세계 각지의 아름다운 문양과 장식의 정수

고대 로마군 무기·방어구·전술 대전
노무라 마사타카 외 3인 지음 | 기미정 옮김
위대한 정복자, 고대 로마군의 모든 것

도감 무기 갑옷 투구
이치카와 사다하루 외 3인 지음 | 남지연 옮김
무기의 기원과 발전을 파헤친 궁극의 군장도감

중세 유럽의 무술, 속 중세 유럽의 무술
오사다 류타 지음 | 남유리 옮김
중세 유럽~르네상스 시대에 활약했던 검술과 격투술

최신 군용 총기 사전
토코이 마사미 지음 | 오광웅 옮김
세계 각국의 현용 군용 총기를 총망라

초패미컴, 초초패미컴
타네 키요시 외 2인 지음 | 문성호 외 1인 옮김
100여 개의 작품에 대한 리뷰를 담은 영구 소장판

초쿠소게 1,2
타네 키요시 외 2인 지음 | 문성호 옮김
망작 게임들의 숨겨진 매력을 재조명

초에로게, 초에로게 하드코어
타네 키요시 외 2인 지음 | 이은수 옮김
엄격한 심사(?!)를 통해 선정된 '명작 에로게'

세계의 전투식량을 먹어보다
키쿠즈키 토시유키 지음 | 오광웅 옮김
전투식량에 관련된 궁금증을 한 권으로 해결

세계장식도 1, 2
오귀스트 라시네 지음 | 이지은 옮김
공예 미술계 불후의 명작을 농축한 한 권

서양 건축의 역사
사토 다쓰키 지음 | 조민경 옮김
서양 건축의 다양한 양식들을 알기 쉽게 해설

세계의 건축
코우다 미노루 외 1인 지음 | 조민경 옮김
세밀한 선화로 표현한 고품격 건축 일러스트 자료집

지중해가 낳은 천재 건축가
-안토니오 가우디
이리에 마사유키 지음 | 김진아 옮김
천재 건축가 가우디의 인생, 그리고 작품

민족의상 1,2
오귀스트 라시네 지음 | 이지은 옮김
시대가 흘렀음에도 화려하고 기품 있는 색감

중세 유럽의 복장
오귀스트 라시네 지음 | 이지은 옮김
특색과 문화가 담긴 고품격 유럽 민족의상 자료집

그림과 사진으로 풀어보는 이상한 나라의 앨리스
구와바라 시게오 지음 | 조민경 옮김
매혹적인 원더랜드의 논리를 완전 해설

그림과 사진으로 풀어보는 알프스 소녀 하이디
지바 가오리 외 지음 | 남지연 옮김
하이디를 통해 살펴보는 19세기 유럽사

영국 귀족의 생활
다나카 료조 지음 | 김상호 옮김
화려함과 고상함의 이면에 자리 잡은 책임과 무게

요리 도감
오치 도요코 지음 | 김세원 옮김
부모가 자식에게 조곤조곤 알려주는 요리 조언집

사육 재배 도감
아라사와 시게오 지음 | 김민영 옮김
동물과 식물을 스스로 키워보기 위한 알찬 조언

식물은 대단하다
다나카 오사무 지음 | 남지연 옮김
우리 주변의 식물들이 지닌 놀라운 힘

그림과 사진으로 풀어보는 마녀의 약초상자
니시무라 유코 지음 | 김상호 옮김
「약초」라는 키워드로 마녀의 비밀을 추적

초콜릿 세계사
다케다 나오코 지음 | 이지은 옮김
신비의 약이 연인 사이의 선물로 자리 잡기까지

초콜릿어 사전
Dolcerica 가가와 리카코 지음 | 이지은 옮김
사랑스러운 일러스트로 보는 초콜릿의 매력

판타지세계 용어사전
고타니 마리 감수 | 전홍식 옮김
세계 각국의 신화, 전설, 역사 속의 용어들을 해설

세계사 만물사전
헤이본샤 편집부 지음 | 남지연 옮김
역사를 장식한 각종 사물 약 3,000점의 유래와 역사

고대 격투기
오사다 류타 지음 | 남지연 옮김
고대 지중해 세계 격투기와 무기 전투술 총망라

에로 만화 표현사
키미 리토 지음 | 문성호 옮김
에로 만화에 학문적으로 접근하여 자세히 분석

크툴루 신화 대사전
히가시 마사오 지음 | 전홍식 옮김
러브크래프트의 문학 세계와 문화사적 배경 망라

아리스가와 아리스의 밀실 대도감
아리스가와 아리스 지음 | 김효진 옮김
신기한 밀실의 세계로 초대하는 41개의 밀실 트릭

연표로 보는 과학사 400년
고야마 게타 지음 | 김진희 옮김
연표로 알아보는 파란만장한 과학사 여행 가이드

제2차 세계대전 독일 전차
우에다 신 지음 | 오광웅 옮김
풍부한 일러스트로 살펴보는 독일 전차

구로사와 아키라 자서전 비슷한 것
구로사와 아키라 지음 | 김경남 옮김
영화감독 구로사와 아키라의 반생을 회고한 자서전

유감스러운 병기 도감
세계 병기사 연구회 지음 | 오광웅 옮김
69종의 진기한 병기들의 깜짝 에피소드

유해초수
Toy(e) 지음 | 김정규 옮김
오리지널 세계관의 몬스터 일러스트 수록

요괴 대도감
미즈키 시게루 지음 | 김건 옮김
미즈키 시게루가 그려낸 걸작 요괴 작품집

과학실험 이과 대사전
야쿠리 교시쓰 지음 | 김효진 옮김
다양한 분야를 아우르는 궁극의 지식탐험!

과학실험 공작 사전
야쿠리 교시쓰 지음 | 김효진 옮김
공작이 지닌 궁극의 가능성과 재미!

크툴루 님이 엄청 대충 가르쳐주시는 크툴루 신화 용어사전
우미노 나마코 지음 | 김정규 옮김
크툴루 신화 신들의 귀여운 일러스트가 한가득

고대 로마 군단의 장비와 전술
오사다 류타 지음 | 김진희 옮김
로마를 세계의 수도로 끌어올린 원동력

제2차 세계대전 군장 도감
우에다 신 지음 | 오광웅 옮김
각 병종에 따른 군장들을 상세하게 소개

음양사 해부도감
가와이 쇼코 지음 | 강영준 옮김
과학자이자 주술사였던 음양사의 진정한 모습

미즈키 시게루의 라바울 전기
미즈키 시게루 지음 | 김효진 옮김
미즈키 시게루의 귀중한 라바울 전투 체험담

산괴 1~3
다나카 야스히로 지음 | 김수희 옮김
산에 얽힌 불가사의하고 근원적인 두려움

초 슈퍼 패미컴
타네 키요시 외 2명 지음 | 문성호 옮김
역사에 남는 게임들의 발자취와 추억

연금술

초판 1쇄 인쇄 2025년 7월 10일
초판 1쇄 발행 2025년 7월 15일

저자 : 요시무라 마사카즈
번역 : 김진희

펴낸이 : 이동섭
편집 : 이민규
디자인 : 조세연
기획·편집 : 송정환, 박소진
영업·마케팅 : 조정훈, 김려홍
e-BOOK : 홍인표, 최정수, 김은혜, 정희철, 김유빈
라이츠 : 서찬웅, 서유림
관리 : 이윤미

㈜에이케이커뮤니케이션즈
등록 1996년 7월 9일(제302-1996-00026호)
주소 : 08513 서울특별시 금천구 디지털로 178, B동 1805호
TEL : 02-702-7963~5 FAX : 0303-3440-2024
http://www.amusementkorea.co.kr

ISBN 979-11-274-9144-4 03900

ZUSETSU RENKINJUTSU by Masakazu Yoshimura
©2012 Masakazu Yoshimura
 All rights reserved
Original Japanese edition published in 2012 by KAWADE SHOBO SHINSHA Ltd. Publishers, TOKYO
Korean translation rights arranged with AK Communications

이 책의 한국어판 저작권은 일본 KAWADE SHOBO SHINSHA와의 독점계약으로
㈜에이케이커뮤니케이션즈에 있습니다.
저작권법에 의해 한국 내에서 보호를 받는 저작물이므로 무단전재와 무단복제를 금합니다.

*잘못된 책은 구입한 곳에서 무료로 바꿔드립니다.